恋爱心理课

挽回失去的爱情

[日] 宫城加奈 著

李花子 译

中国民族文化出版社

北京

前言

嘿，大家好，我是宫城加奈（MIYAGI KANA），日本恋爱、复合顾问，男性心理研究专家。

我生于东京，幼年时父母离婚，跟着母亲生活。每天望着母亲晚归的背影，我总是无法像别的孩子那样向她撒娇，向她诉说心里话，最终使我形成了沉默寡言的性格。上初中、高中，到了青春期，我也因为性格原因无法和他人亲近，找不到志同道合的朋友，和任何人都说不出真心话。后来参加工作，我又经历了恋爱失败，害怕和周围的人打交道，最终选择一个人虚度光阴，孤独处世。

我总是想，为什么我不能和别人一样快乐生活呢？抱着这种烦恼，我最终意识到，可能是在幼年时期的成长环境中滋生的思考方式束缚了自己。从此，我开始迷恋学习心理学，勇敢面对自己，原谅自己的怯懦性格和思考方式，通过学会接纳自己，深刻体验到了从痛苦转变到轻松处世的快乐。另外，我又学习了许多恋爱情感、恋爱心理学方面的知识，并且利用这些经验独创了恋爱、复合方法，并以日本市区近郊为据点，开展了日本首次恋爱顾问活动，帮助2.5万多人解决了恋爱及复合问题。

从事这份心理咨询工作近20年，我悟出了这样一个道理，那就是："恋爱不顺，可能是人与人之间应保持的距离失衡。"

大部分咨询者无法控制情感，内心时常处在狂风暴雨状态。她们将恋爱变成自己的全部人生，时时刻刻都想着对方，总担心他没有百分百专注于自己，稍微感受到冷落，就开始对他闹小脾气，执着于追问他到底爱不爱自己。

通过恋爱心理咨询这项工作，我明白了陷入这个模式不能自已的大部分女性，对幼年时期的家庭环境和成长方式，多多少少抱着负面情绪。

我也是单亲家庭的孩子，父母离婚后与母亲生活。话说回来，现在单亲家庭并不稀奇。**自认为度过了幸福的幼年、少年时期，可无意识中，父亲不在身边的孤寂感，会不会影响到自己恋爱呢？**

也许有人会想，作为恋爱、复合顾问负责人，你又是什么样的人呢？

实际上，在遇到我老公之前，我与同一个男人谈恋爱最长只能维持两年。分手的原因，是过度依恋对方，控制不好自己的情绪。

同样，让恋爱走到泥泞处境的许多咨询者当中，有一部分人都生长在单亲家庭，即使有些人同父母一起生活，也是在感情不和，或者在过度严苛、过度干涉的环境下成长的，特别是在失恋中期望挽回爱情的一方，这样的倾向尤其显著。如果你的情况并非如此，就不用对号入座。

那么，什么样的恋爱不必患得患失，能一直享受被爱的幸福感觉呢？

问题的答案就在这本书中，本书将给你注入满满的恋爱正能量。

复合，并不坏

在恋爱中，我力求"复合"的理由是，复合浓缩着恋爱的一切，富有深厚的内涵。

　　曾经，明明是深深吸引的两个人，如今一方想着分手，一方期望继续。对这样的二人关系，想要得到恢复，比起常规的"转移新对象"的难度高出很多，事情也相对复杂。

　　不过，正因为是这样，曾经渴望"幸福的一对"在复合的过程中，有成长，有感动。

　　本来以为已经到了尽头而放手，但当他再次拥抱饱含爱意的你，你的复合愿望成真，那种喜悦无法替代。并且，这份喜悦不只属于你自己，你们将彼此分享这份喜悦，努力维护这份关系，使两颗心不再远离。

　　这么一想，复合并不是坏事吧。也许你周边的人会说"差不多放弃吧""已经不可能了"，或者"一定还有更好的"，而你可能还在自责"放弃是不对的""还是舍不得"。

　　大家不觉得吗，能做到专注地只想一个人，那是十分纯粹而了不起的事情。一心只爱他的你，请对自己充满信心吧！

　　只要你是真心的，复合一定会实现。

　　期待复合的你，需要明白这些事情。

复合并不是纠缠过去不放，而是将过去当作食粮，重新规划二人的全新未来。

很想回到最初，可是一想到他在分手时说过的狠话、曾经不够和谐的关系，就完全丧失了信心。

但是请你回顾一下，当初的你们，纯粹是两情相悦。

只是你们还没有学会默契地经营你们之间的关系，彼此理解，致使连接你们俩的线纠缠在一起而已。原本相互喜欢，却无法感同身受的你们，是时候解开纠结的线，开始重新编织了！

本书将以简单易懂的方式，将具体的方法依次讲解给大家。

"想和他和好。可是，没有信心回到两情相悦……"

如果你是这样的想法，说明还不知道复合的方法。我敢肯定地告诉大家，复合也有一系列方法论！

我多年的恋爱顾问经验，证实了绝对复合方法论会获得成功。

首先，大家要理解一点，如果"你原本的魅力"超过了"分手的原因"，复合的可能性就会更大一些。

当时你们结缘，他一定是被你的某种魅力所吸引。在交往的过程中，却出现了某种超出你魅力的分手原因，或者因为过于熟悉，落入俗套之后，他看不到你原本的魅力了。

如果是这样，那么回忆一下让他迷恋的"原始魅力"，将它打磨好，清除掉让他远离的"分手原因"。

一旦做了这两件事，相信他会再次回到你身边。

你只要做到，将被他喜欢过的事实，再来一次。

这是不是一件令人茅塞顿开的事情呢？

没错，只要意识到这一点，复合不算难，就像吵架和好之后，彼此的距离将更靠近一些。**复合之后，你和他之间的纽带，一定比之前的任何时候更加牢固。**

在 Prologue（开篇部分），主要和大家讲解恋爱复合活动必需的基本心理准备，并分享复合活动的流程。

在 Step1，将给大家讲解在接近他之前，必须执行的事项。主要是关于心态的调整，这也是成功复合最关键的部分。

在 Step2，将给大家讲解开始接近他时需要注意的事项，以及沟通方法。

在 Step3，教大家通过电话、邮件等现代社交方式实现信息的互动，酝酿通话或直接见面的契机，以便再一次建立信赖关系。

在 Step4，作为成功复合的最后阶段，给大家传授决断性大招。

在 Step5，根据不同的分手处境，分别提出具体的复合方法。

最后的 Epilogue（结语部分），教大家如何选择让自己幸福的男人，幸福恋爱必备的观念。

面对复合活动，将触及令你扎心、尴尬的部分，甚至可能要改掉你自认为非常自信的、引以为傲的部分。

那就像是阻隔在你和他幸福之间的一面"墙"。

这面墙，除了你期盼复合的他，即使与另一个人相爱，也是必须要跨越的部分。

既然是这样，何不趁现在，为了放不下的他试着跨过这堵墙呢？

为了令你无法释怀的他，或者为了和即将邂逅的优秀新男友步入新恋情，我来教大家最强大的恋爱秘籍。

CONTENTS | 目录

Prologue　你和他为何总是
擦肩而过?

你们这样擦肩而过　　　　　　　　　　　　　　2

所谓的"分手理由"背后的真相　　　　　　　　5

"分手高峰期"也是"复合高峰期"　　　　　　8

找回幸福爱情 4 步曲　　　　　　　　　　　　10

爱情成功人士的几个共同点　　　　　　　　　14

Step 1　接近他之前的必做项
　　　　　理解分手原因和对方的心理需求，重塑自我

复合为什么需要"准备期"?　　　　　　　　　18

"为什么不理解我?"是大忌　　　　　　　　　21

男性事业第一，女性爱情第一　　　　　　　　25

成为"理想型女友"的方法　　　　　　　　　29

直击分手的真正原因　　　　　　　　　　　　32

通过不同的线索，分析不同的分手原因　　　　36

[线索 1]　单方面宣告分手，杳无音信   37

[线索 2]　意见不合，吵架分手   38

[线索 3]　异地恋逐渐变得不好相处，被他分手   40

和他建立最佳距离的方法   43

不依附"恋爱"和"他"，保持独立和自信   45

客观地看待自己，勇于分析和反思自己   48

控制好你的情绪   55

磨炼出真实的魅力   59

"重塑吸引"，让缺点变优点   64

改变，以适合他的方式接近他   68

用社交平台施展你的魅力   74

Step 2 分手后，最初的接触
让他解除警戒的沟通方式

第一次联系他，是多久以后？   78

"不依恋不吸引"是最初的钥匙   82

站到复合的出发点，表示"感激"和"歉意"   85

了解他的心理需求，配合他的情绪和节奏   89

"一定是""可能""也许吧"通常是主观臆断   96

灵活利用社交软件缩短距离   99

使用"封闭式问题＋理由"，引出他的真心话   101

把他的朋友和家人变成自己人   104

Step 3 建立随时都能见面的关系
用"全新的自己"颠覆过去

如果已经建立了定期联系的关系……   108

制造见面的事由   111

被拒绝也不要介意   114

久违的约会，怎么选约会地点？   116

再次相见要有"新鲜"意识   119

打造留下好印象的外形   123

即使配合他，也不会丧失"你自己"   125

缓解紧张、释放魅力的举止   127

为了让他"想和你多待一会儿" 　　　　　　　130

不要无原则地满足他 　　　　　　　133

即使他有了女朋友，也不要惊慌 　　　　　　　135

Step **4**　当他对你回心转意
促使他主动表白的进退战略

再开心也要避免"用力过猛" 　　　　　　　138

"你进我退"进一步拉近距离 　　　　　　　141

从朋友"升级"到恋人 　　　　　　　144

营造氛围，让他放心表白 　　　　　　　146

Step **5**　这种情况，应该怎么办？
Q&A 不同案例的修复方法及建议

复合之后，幸福情侣和分手情侣的差别 　　　　　　　150

案例1）持续的杳无音讯 　　　　　　　152

案例2）对方已经有了恋人 　　　　　　　154

案例 3） 分手却保持身体关系   156

案例 4） 虽然是自己先提出分手，现在却后悔了   158

案例 5） 不把我当作他的真命天女   160

案例 6） 不被允许的"第三者"   162

Epilogue

为了你的幸福，
选择这样的男人

和真正喜欢的人结合，是最幸福的事   166

这样的男人，最好远离   168

可成功复合的 7 项观念   170

写在最后

致所有为情所困的你   172

Prologue

你和他为何总是
擦肩而过？

你们这样擦肩而过

相比以前交流的手段只有电话，现在各种交流工具一应俱全。除了手机、邮件以外，现代各种社交软件，使我们不论在何时何地，都能实现实时互动，非常方便。

你是在什么时候想和他互动呢？

在理发店换发型时的等待时间？

在装饰漂亮的甜品店吃甜品时？

被朋友夸"那身衣服真适合你"时？

包括赶不及约会时间，或者在证实约会地址时，很多人即便没有什么特别要紧的事，也总是随意和男友互动。

那是因为女性的大脑追求"共鸣"和"同频"，她们总喜欢把自己的开心事或者好玩的事告诉对方，但是她们并没有考虑联系的对方是男性，而男性的大脑追求的是"解决问题"，所以如果没有具体的事情需要联系，而只是"有点儿无聊"，或者"想让你理我一下"，这样的女性心情，很遗憾，男性完全没办法理解。

用纯文字形式正确地传递自己的状况和情绪，原本是件非常高超的技术活儿。因此，对于花时间发送的内容，接收方是需要花时间体会的。而实际上呢，现在发送信息过于方便，多数人是在不假思索的情况下发信息的。

对于这样的信息，男性的想法是："这是要做什么？""她是想要说什么？""为什么要发这个信息给我？""这是什么意思？"

结果，变成了置之不理。因为，男性认为没必要回复。

然而对于女性来说，对方不回复麻烦就大了。对于信息的已读弃之，女性的感受是："肯定是对我没兴趣！""为什么不回复？""可能是不太喜欢我。"一旦产生这样的不安全感，她还会再次发送"现在在做什么？""在忙吗？""为什么不给我回复？"等带情绪的信息。

看到这里，男性觉得对方在责怪自己，既感到郁闷，又感到烦躁。

　　带着这样的心理负担和她交往，足以预见接下来的坎坷。

　　还有一种是，他没有正确理解女友发来的信息，产生了误解，开始不愉快地对峙，最终引发言语不和，导致两人之间产生很大的"分歧"，鸿沟开始形成。

所谓的"分手理由"背后的真相

男女之间的分歧，不只出现在热恋时期。

实际上，在分手现场也经常发生矛盾。

女性具有很强的"相互体谅"的心情，试图站在对方的角度深刻理解 "分开的理由"。而男性的大脑倾向于解决问题，刻不容缓，只想尽快"分手"。

比如，对女性清楚地表达了分手理由，而她接受这个理由所需要的时间和空档，对男性来说是种煎熬。

无奈之下，他们会选择当时场景下适合分手的理由，或者用对方容易接受的分手话术强行结束。

男性常使用的分手理由话术，内容如下：

- 我的工作太忙了。
- 和你距离太远了，我没有信心给你幸福。
- 我有喜欢的人了。

这是常用的借口。

事实上，很多时候，这些不是真心话，也不是事实。

请大家仔细想一想，难道忙碌的男人都和女友分手了吗？异地恋的情侣全都没有结果吗？既然那么喜欢现女友，怎么可能移情别恋呢？

显然不是这么回事。这些理由从其语言文字表面上看，没什么问题。但是一般而言，这意味着他从一开始就对你不是十分满意，所以可能遇到了更喜欢的人，以工作忙或者异地恋作为借口，打算和你分手。

还有一种可能是，他认为一旦说"我有喜欢的人了"，你就会放弃纠缠，愿意分手。

他选择的分手理由，归根结底，作为结果，这仅仅是导致分手原因的"状况"。那是因为他有不想克服困难的理由，所以选择了分手。

这个没有说出来的理由，才是真正令他去意已决的"真相"。

不过没关系！一旦真相明了，必有对策相送。对策到手，后面的复合行动将指日可待。

他为什么不打算与你继续走下去？

查清分手真相，深挖下去，这是你要拿到的复合行动的钥匙。

你需要掌握他离开你的真正原因，并把它消灭掉。

具体做法将在 Step1 进行说明。

"分手高峰期"也是"复合高峰期"

据说有一段时间，男性最易拿分手话术当武器，向女友宣告分手，那正是"**换季和环境变化期**"。

可以说春天是分手的季节。因为这个季节也是毕业、升学、就业等现场活动的重要时期。

不同的环境和不同的状况，使周边的人群也发生了变化，男性的视线很容易关注到周围的新女性。

说到换季，9月也是一个分手的季节。也许是刚过完炎热的夏季，降温的9月让人的心情也随之冷静下来了吧。

"分手高峰期"虽然不能成为直接分手的原因，但借此时期打算分手的人，的确找到了契机。

在此期间被男友提出分手的女性，有必要回顾一下，他平日里是否一直对你有所不满。

与此同时，**"分手高峰期"也是"复合高峰期"**。

正是随着环境的变化，他开始怀念起前女友，"不知道现在她过得好不好，过了这么久，问候一下吧"。这么一来，复合的契机就来了。

另外，大家熟知的圣诞节前夕和暑假等需要情人的时节，也是复合的高峰期。虽然分手那段时间你曾发誓"再也不想见到他"，可是随着时间的推移，曾经的厌恶逐渐淡去，反而经常回忆过去快乐的时光，所以借着应季活动复合的情况也是存在的。

围绕季节交替时期，设计复合活动计划，一定会卓有成效。

找回幸福爱情 4 步曲

接下来和大家说明恋爱复合活动的基本流程。

大致分为"**准备期**"和"**行动期**"两个时期。

首先在"准备期"找出分手原因，这期间是重新审视自己，反省和改变自己的时期。

如果找不出分手的真正原因，你就不知道应该如何改变自己。首先从自我审视和改变开始，让对方感受你全新的魅力，同时抓住他的心。回想一下之前他无意中脱口而出的话，或者在吵架时说过的话，体会当时对方的心情，你就能发现那时他需要的是什么。

如果在没有踩稳这个台阶的情况下，就和他联系或见面，大部分情况下对方是这样的想法："还是和以前一样啊！""果然喜欢不起来啊！"

一旦在此阶段对方亮了红灯，天涯再也没有回头路。

大家一定要谨记，在准备期间，不建议和他直接互动。

接下来是"行动期"。

再一次接近分手的他，有一点务必要牢记，在没有找到分手真相的情况下，一心只想着增加互动频率，几乎无济于事。

一定要认真对待准备期，要让他感觉到你在分手后的这段时间，真的用了心。之后才开始和他定期联系，再次建立信赖关系。等到你们再次见面时，基本已经消除分手时留给他的黑暗记忆，能给他带去不同的感受，让他突然觉得"你变了啊""还有这种魅力"，所以这时你就需要用全新的自己调动他的兴趣，最后，试探他的感受，引导他主动表白，如期成功复合。

预先告诉大家，准备期至少需要两周，最长需要 3 个月。

这个准备期，和前面常说的冷却期不一样。

这是一段打造复合地基的时间。

假如当初你们是和平分手，可以同时开展准备期和行动期。但本书还是建议大家"做好充足的准备"，不打无准备之仗，有这个前提条件比较妥当。

假如你们分手时没有发生任何口角，分开后还是可以联系的关系，就可以从 Step2 的行动期内容开始读下去。

到了行动期，一般会比预想中要顺利得多。但是大家千万不能大意，不要在准备期准备不够充足的情况下，就直接推进到行动期，或者准备期和行动期同时进行，结果两人过早见面，事态并没有想象中的顺利，到时候又开始变得焦虑了。

只要按照基本步骤进行复合活动，你就已经成功了 70%。

复合的基本流程

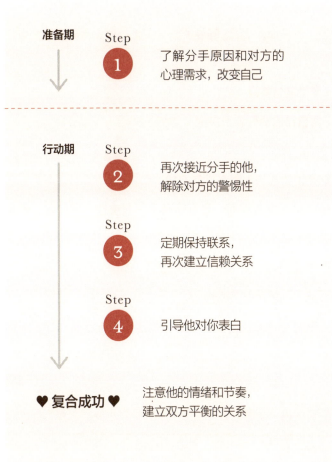

准备期

Step 1

了解分手原因和对方的
心理需求，改变自己

行动期

Step 2

再次接近分手的他，
解除对方的警惕性

Step 3

定期保持联系，
再次建立信赖关系

Step 4

引导他对你表白

♥ 复合成功 ♥

注意他的情绪和节奏，
建立双方平衡的关系

爱情成功人士的几个共同点

为了使你加入 70% 的爱情成功人士行列，请务必注意以下两点：

- **享受爱情本身**
- **凭自己的责任意识决定**

这是爱情成功人士都具备的共同点。

特别是在准备期间，是发现自己、改变自己的阶段，也是正视自己不忍直视的缺点、习惯和面对不堪回首的回忆时机。

这时候，你是否在想"虽然很痛苦，但这一切是为了自己"，"好好努力，想让自己成长"。

只有抱这种想法的人，才有可能继续进行复合活动，挽回爱情。

换句话说，不抱有这种想法的人，最好不要尝试复合行动。

因为不管任何人，都没有办法对自己"不是很想做"的事情付出努力。

　　即使是出于"有人建议我这么做"，或者说"书上这么写的"，事情是做了，但那属于被迫型努力，并不会有理想的结果。

　　在这种状态下，如果事情进展得不顺利，就会想那是别人的问题，是偶然状况，总之问题在别处，不在自己。

　　以上这些，就不算是"凭自己的责任意识决定"。

　　"想和他和好，不知道怎么办。"

　　"明知道放弃是最好的选择，偏偏不能放弃！"

　　"很想忘记他，却没办法重新开始一场新恋情。"

　　如果有了这样的烦恼，大概很想把责任推给某个人，让第三者替自己做主吧。

　　一旦碰壁了，心态发生动摇也是常事。

　　但第三者的意见，再明智也不过是参考建议而已。"要做"或"不做"的复合行动，一定要由自己判断。

　　只有这样的决定权完全掌控在自己手里，才能促使自己行动，进一步奔向幸福的恋爱。

虽然你无法改变过去和他人，但你能靠自己的行动去改变自己和自己的未来！

"好，开始行动，我决定拼一次！"如果你是有这种想法的人，务必从下一章的 Step1 开始试试看。

Step 1

接近他之前的必做项

理解分手原因和对方的心理需求,
重塑自我

复合为什么需要"准备期"？

再次接近他之前，必须先完成两件事。

- **找出分手的原因**
- **理解他的心情**

在进行这两件事的过程中你会发现一些问题，最终会让自己做出改变。

你的哪些言语和行为成了分手的原因？

他真正想要的是什么？

你必须带着这样的提示，在自己的记忆中把它们找出来。

假如跳过这个过程，直接去追他，只会让他想到"和以前没两样"，"还是让人讨厌的感觉啊"。

所以一定给自己"准备期"的时间，耐心地审视和改变自己。

还有一种情况，有可能你们俩在同一系统工作，通过很多共同的朋友聚会，或者所处环境的帮忙，让你们趁势做了复合。

也有可能是因为你的哭哭啼啼，让他觉得"真是没办法"，回到了你身边。

只不过，像这样趁势复合的案例，大部分人并没有清晰的未来可期。

因为，关于你们分手的真正原因，这个最重要的"根本问题"并没有解决。

假使你和其他人交往，这个没有解决的问题，迟早也会浮出水面。

重复同样的失败，与后来的他也不顺利……

这是谁都不想要的结果。

为了实现复合，首先要提升你的恋商指数。

恋爱无非是男女之间的人际关系，随着恋商指数的提升，人际关系的技巧肯定也会提高。

恋商指数，对人格魅力的提升，具有直接的影响。

事实上，加入复合活动的多数女性朋友给了这样的反馈："**在职场获得了上司和同事的赏识**" "**为人处事富有正能量，交了**

不少朋友""人际关系变得轻松，活得自在"。

因此，复合活动除了可以追回爱人，更是为你的人际关系带来了附加值！

复合活动的目的，不只是眼下的他，是为了更加深远的未来，是你"从此以后的充实人生"。

与你深爱的人谈一场幸福的恋爱，直到结婚筑起小家依然感到幸福，请你为了这样的幸福生活认真地走下去。

"为什么不理解我？"是大忌

在执行准备期必做两件事的同时，**你需要理解男性的思考方式和心理特征。**

"他为什么不能理解我？"

"怎么为那点儿小事不开心？"

你是否这样生气和烦恼过？

那是因为你还不了解男性的思考方式和心理特征。

不要紧，不用责怪自己，不理解男性并不糟糕。

起初不了解男性很正常，因为男女的大脑完全不一样。

但是，把男女差异产生的烦躁情绪一股脑全丢给对方，可不是明智之举。

因为他也会想："干吗为那些事生气啊？""为什么突然不高兴了呢？"也就是说，这时候的你们互不了解，不相上下。

在前面说过，"你们为什么总是擦肩而过"？

也有一种说法是，随着各种社交软件等聊天工具的出现，男女发生擦肩而过的概率越来越高。

归根结底，是因为男女对待事物的看法和关注点完全不同，这才是最大的问题。

男性多数用理性思维解决问题，而女性更侧重用感性和同频思维解决问题。

作为竞争社会中的生存本能，男性喜欢自己是对方心中的"第一"，而女性则喜欢自己是不被比较的"唯一"。

这些都和谁是谁非无关，全是因为大脑结构不同。

研究表明，男性平均一天说出来的词汇量约为 7 千个，而女性的词汇量约为 2.1 万个，是男性的 3 倍。在如此悬殊的差距下，女性再怎么希望男性和自己说话、聊天的数量对等，都不可能实现。

同样，男方一心要求女性寡言少语，也是不可能的。如果不了解这些男女之间的关键性差异，双方很容易闹僵。

其实我也经常与老公产生矛盾。有一天我想让老公听我说工作上的事，就对他说，"不需要你给我提建议，也不用说什么，只听我讲就好了"，就这样在铺设好前提的情况下，我开始滔滔不绝地说了起来。

然而，老公还是在中间插话："可是，那个应该是……"

但站在我的立场，纯粹是想让他倾听，和我共情，仅此而已。面对老公的指点，我终于没忍住爆发了，对他说"那些我也知道啊"，最后以吵架告终。

老公的初衷肯定不是为了让我伤心。

"我希望你能好起来""我想帮你解决问题"，他是抱着这样的想法插话的。

大家一定有相同的经历吧。

彼此从没想过"闹僵"，可总是容易出现矛盾。

所以，不要互相埋怨，这纯粹是男女大脑的结构不同罢了。

改变你们双方的理解模式，才是避免矛盾和冲突的诀窍。

话虽如此，但还是难免有矛盾产生。只是产生矛盾的时候不要总想着"绝不原谅"，而是要学会转念一想，"我可能也有不对的地方"，这也是给他台阶下，这点千万要记住。

男性事业第一，女性爱情第一

"我和工作，哪个更重要？"

这是女性对工作狂男友，总会说出来的台词。

她会想，既然我这么重要，工作会不会放在第二位？非常理解你的心情。**很遗憾，几乎所有男性都以工作为先，恋爱其后。**

在这里，先告诉大家男女对待恋爱的优先顺序差异吧。

"工作第一，恋爱第二"也就罢了，更有男性说"工作第一，朋友第二，爱好第三，恋爱第四"。

"你要把我放在第一！"非常抱歉，女性的希望实现的可能性比较渺茫，最好打消这个念头吧。

"以前追我的时候什么都是我优先的！"有女性是这么想的吧？

结果呢，开始交往之后，发信息就像回复公事，没事也很少给我打电话……这是我常听到的女性抱怨的话。

这是因为对于男性来说，你是"我要把你追到手"时期的最优先事项。

他为了完成这一"目标"，就尽可能地向你献殷勤、多联系。

有句话叫"上钩的鱼，不施鱼饵"，这话一点儿没错。

一旦开始交往，恋爱（你）在男性心目中的排名就开始下跌了。

所以，他不是讨厌你，也不是不重视你。

从始至终，恋爱对于男性来说，排名比较低，他只是回到了正常状态，而交往之前的那段追求时间才是非正常状态。

现在"任务"（你已追到）已经完成，排名顺序恢复正常。

反过来，在女性当中，很多人把恋爱排在人生第一位。

所以在接下来的正式交往中，她们开始有了自主意识，这在交往前大概看不出。

很多人在交往前不会主动联系对方，而正式交往之后会积极发送信息，主动打电话。

也就是说，**男女对对方的思念程度和变化，以及恋爱这件**

事在他们心目中的排名顺序，大不一样。

如果你们在交往前不了解这些情况，两人的关系就很容易出现碰撞。

联系次数也是一样的道理。

女性十分注重人与人之间的联结，她们总想"和他紧紧相连"，所以不在一起的时候也不希望和他断了联系。

因为她们擅长"一心多用"（Multitasking），即使工作再忙，也不影响同时谈恋爱。

而男性就不一样了。

对于女性的"一心多用"，他们则属于"一心一意"（Monotasking）。通常他们只考虑一件事，如果工作非常忙，恋爱就排到后面去，他们会把这件事彻底从脑海中排除掉。

女性一定会想"就算工作忙翻了天，一分钟时间还是有的吧""总有吃饭的时间吧"。

然而，男性满脑子只有工作，抽出一分钟时间谈恋爱，这种事想都不会想，因为他们无法同时兼顾两件事。

就这样等工作告一段落，他们才会突然想到："对啊，她现在做什么呢？""周末的约会，去哪里合适呢？"

"他几乎不联系我"，是女性们共同的烦恼，殊不知站在男性的角度，联系次数和对女友的爱情指数，并不成正比。

所以，不必因为他不联系你而感到不安和忧虑。

我能理解你因得不到回应而孤单的心情，可是因为这个问题找他理论，只会让他更加为难。

"即使他不联系我，也知道他是爱着我的"，你能做的，就是这样让自己充满自信。

成为"理想型女友"的方法

说到这里，大家应该了解到，大部分男性属于单核工作模式，话也较少。

总之与女性相比，大部分男性并不擅于维持人际关系，也不太会照顾别人的感受。

既然这个事实不能改变，对于你的这个男朋友，请把心放宽，全当这是他的"可爱之处"吧。

虽然你和他的妈妈或者监护人有区别，但是如果你有"培养"他慢慢了解你的意识，这将有利于你们关系的发展。

"原来女人是这么一回事啊"，他会在这个过程中逐渐理解你的。

正因为如此，你不能对他的期待总是过于美好，必须提前做好心理准备。

另外，在前面也讲过，男性喜欢当"第一"，所以妄想居高临下地指使他，或挑战他都是要禁止的。

他们是自尊性很强的生物，一旦受到挑衅，连女友都是他的敌人。

你要给他"不管做什么，你都是最棒的"的感受，哪怕是表面做做样子都可以，只有这样才能让他安心。

通常，目标明确、全速迈进的男人，如果被人阻碍或指使，都会感到十分沮丧。

他最理想的女友，是能不动声色地帮助他，疲惫的时候用温柔治愈他的人。

既然男性对女性有如此多的要求，只做一个迎合男性要求的女朋友，一定有难度。

但是，如果你了解来自男性的真实想法，肯定能减少与他的碰撞和矛盾。

还有一点，当你了解男性的共有特征之后，可以用你的方式成功获得你想要的关注。

男人喜欢被人依赖，你可以试着对他这样撒娇："可以帮我拿东西吗？""好想吃蛋糕呀！"

这时候需要注意，千万不要太夸张，不然会显得"自私"。

　　大家清楚"撒娇"和"自私"的界限吗？

　　在他能力范围内的请求，属于"撒娇"；强求对方做不到的事情，便是"自私"。

　　比如，在他忙得腾不出手的时候，叫他"帮我拿东西"；在他为工作焦头烂额的时候，叫他"快联系我"，这都属于自私。

　　当他无暇顾及的时候被你所迫，感觉像是给自己贴了"做不到"的标签，会顿时丧失信心。但站在女性的立场看，她们认为工作中抽空联系是很简单的事。可是在前面已经讲过，这对男性来说，是做不到的。

　　总之，你就从他的角度出发，判断"能做"或"做不到"的事情，合理地施展你的"撒娇魅力"。在他帮忙做了你要求的事情之后，一定要感激地对他说"谢谢"。看到你高兴会让他有成就感，从而慢慢找回自信，愿意为你做出更多努力。

　　看，一句感激的话，就能给你们带来良好的互动。

直击分手的真正原因

现在，你是不是明白了男性思考问题的特征和心态？

从现在起，开始寻找导致你们分手的真正原因吧。

在了解男性心理的基础上，再次回忆过去，也许能想起些什么。

☐ 明知他很忙，还不停联系他

☐ 因他没按你的意思去做，就冲他发火

☐ 反复提出无理要求

☐ 说了贬低、轻视他的话

☐ 明知他是为你而努力，却从不表达感激

☐ 过度监视他的行踪，约束他的行动

以上这些行为可都是分手的导火索。

除此之外，在交往之前的你一直精心妆扮、说话讲究，而正式交往之后松懈下来，因为各种忙碌而无暇打扮自己，这也是让他离你而去的原因之一。

"啊？原来她是这种人！"如果这种坏帽子扣了一个又一个，他的心只能一点一点地凉下去。

此外，再给大家普及一个促使分手的导火索。

那就是"不理解对方心情的情况下不尊重他"。

女性从性别本质上，总是希望对方理解自己的心情。为了使对方理解自己，一次次把自己的心情诉说给对方，你是不是也总是这样做？

本来这是件非常重要的事，但一味地把自己的情绪强加给对方，就会影响你们之间的关系，因为他也有自己的情绪和想法。男性一般比较理性又少言寡语，把自己的心情直接告诉女友的次数也不会多，所以你不能只顾着自己宣泄心情，还要理解对方的情绪。

例如，一次你非常期待的约会被他放了鸽子。当他说"工作上的事，真是没办法"时，作为女性的你一定不会默不作声，难过之余你可能会脱口而出："为什么你就不明白我的心情？""只想着工作，太过分了！"

不过，你有考虑过当时他是什么样的心情吗？

他可能没有详细说明当时的理由和心情，但这件事很可能是涉及升职的大事，男性工作优先，很有可能是他在为将来和你结婚而做出的努力。

你尚不了解这些实情，反而偏激地怪罪对方，是否考虑过他的感受呢？

难道他就不会想："为什么女友不理解我的心情？"一次开心的约会，他肯定和你一样非常期待。你是否真正体谅他呢？

在同一件事情上，每个人都有各自的想法和原则，这点男女都相同。但是只想着诉说自己的状况和心情，而忘记替对方考虑，这种关系只会越来越疏远。

正如前面所说，**男女在思考方式和悟性方面存在很大差异，不能只用自己的标准考虑，也要站在对方的角度想一想。**

说起他的处事标准，不只是考虑男性的心理特征，还有他固有的价值观。如果你希望复合，就要珍视对方的心情，尊重对方的原则，这点很重要。

　　当然，你的想法和原则也应该得到尊重。可现在不是两情相悦的二人关系，一直以来依你的相处原则走过来的结果是两人关系破裂，所以很遗憾，不得不说你的做法是错误的。在这种局面下，当务之急是重建平衡的二人关系，该怎么做呢？

　　没错，是希望复合的你先让一步。

　　先把你的事情、想法和原则放到一边，把他的事情放在第一位去考虑。

　　"是否理解他的心情，是否站在他的立场考虑？"从现在开始，养成常为对方着想的思维习惯，你会发现和他的关系将发生戏剧性的变化。

通过不同的线索，
分析不同的分手原因

"寻找分手的真相"和"理解他的心情"这两件必备项，都了解清楚了吗？

从这里开始，我想告诉大家更加全面的检查重点，用案例和大家分析分手的原因。

需要重温的重点如下：

☐ 对他说了无数次的"你给我改掉""不要这样"

☐ 总让他不开心和难过的言行

☐ 总成为吵架的导火索的事情

☐ 他提出分手时的状态（公事、私事、家庭关系等）

☐ 被他提出分手时你当时的状态

☐ 他所追求的理想女友是什么样的

带着这些参考内容去思考，即使这些行为和你们当时分手的状况不一样，你也能从中找到大致的答案。

[线索 1] 单方面宣告分手，杳无音信

突然间联系方式被拉黑，电话也打不通，你陷入这般处境，一定是又吃惊又伤心。

"这样做太过分了！"也许你感到非常气愤，不过，首先你有必要发自内心去接受"这就是我至今以来得到的结果"。

常听说分手之后女性能很快释怀，而男性始终耿耿于怀。

既然这样，当男性做出这种果断断绝关系的行为，说明事情并不简单。

你要想到，他的忍耐限度和怨气积累已经到了极限，所以杳无音信。

可能有人会想，分手的时候他什么都没有说，哪里需要去寻找真正的理由。

如果是这种情况，你想想有没有"他一直不喜欢我这样，我却一直不改"的某些方面，跟着这个思路，你会有所启发。

"联系不到他的时候，不断给他发信息和打电话"，"不准去有异性参加的聚会"等事情都可能成为分手的理由。

再仔细回想一下，有没有让他很生气的事情。大多数的杳无音信，是因为你对他过度依赖，让他感到负担过重引起的。

在他人面前，你是否尊重你和他的关系？两人闹矛盾时，你是否体谅过他当时的状态和心情？平时你和他是否保持适当距离？仔细回想看看。

[线索 2] 意见不合，吵架分手

吵架分手，可以说是彼此冲动的分手吧。

如果说下定决心分手是因为你们彼此的观点不同，导致意见和想法产生分歧，因此你担心没有复合的可能性。

首先我们要明白"即使与对方意见不同，也没有任何问题"。

因为每个人的价值观不同，喜怒哀乐也不一样。

这并不是不同意见本身的问题，问题在于你是否接受不同意见。

还有一种可能，是你对某件事情怀有一定情结和偏见。

对于这件事情，你们两个人有不同的价值观，因此你受到很大的刺激，表现得异常愤怒，做出了排斥反应。

举个例子，比如"何时结婚"对你是一个心结，对此你有自卑情结。

这时候，你发现他对谈婚论嫁表现得很消极，让你感到生气和伤心。

在他说"结婚的事以后再说也来得及，等工作稳定了"这些话时，你的第一感受是"原来是不想和我结婚"，就会脱口而出"那现在没必要在一起了""根本没考虑过我的感受"，这些是比较典型的回答。

结婚本身是作为二人圆满关系的结果存在的，而不是目的。

如果他干脆说"我不想结婚"，那就另当别论了，可他说"等工作稳定了"，那么建议你先积极检讨自己吧，他并没有完全忽视你的感受。

另外，你不能理解他对"何时结婚"的回答，会不会是因为你周边的朋友一个个都结婚了，或者是你被父母逼婚而造成的过度反应？还有，是不是前男友对你说过"结婚想都不敢想"，让你的心始终无法平静。

上面是关于"何时结婚"而吵架的案例。回想一下你们每次吵架的导火索，总是令你做出过激反应的共同话题，以及分手时吵架的内容，也许能追溯到和他不能妥协的原因。

[线索 3] 异地恋逐渐变得不好相处，被他分手

并不是所有的恋爱，都拿远距离当借口分手，也没必要因为"相距太远没办法"而放弃。

让我们澄清一下，在远距离事实下，是什么导致了分手？

他是在什么状况下，亮了分手牌？

是因为工作忙到喘不过气？

还是过于奔波在与你约会和工作之间吗？

需要回顾的是，当时的你有没有做出一些不符合异地恋的举动呢？

比如说，他状态不好的时候，强求他来看你；明知他工作十分繁忙，还让他和你煲几小时电话粥……

"早晚必须通一次电话""每周末必须见一次面""相互汇报现在做的事情"……有些情侣还会立下这样的规矩，然而这就成了不少男性的枷锁，在超负荷相处的情况下，他们就会选择分手。

与其约法三章，还不如把"为什么需要立规矩"的心意告诉他，如"平时见不到你，我觉得很孤单，周末怎么都想见到你"，"看不到你让我很不放心，希望你尽量联系我"，如果把这些原因告诉他，男性更容易接受。

如果你单方面立下规矩，只会让他感到受限和拘束，难免会有被强制完成任务的感觉。

这种约束的恋爱关系的另一面，就是和他拉开了心的距离，这样的疏远也是造成分手的原因之一。

一旦心的距离疏远了，你只有不断配合他，无法吐露真心话。不能和他相依相偎，也很难向他撒娇。

我遇到有些女性说"没和他吵过架"，这样的女生在男性看来，是对他不够坦诚，看不到"在一起的意义"。如果这是异地恋，关系只会渐渐疏远，即使不吵架，也会无疾而终。

异地恋与普通恋爱相比，除去物理上的距离不论，一旦心的距离过近或过远，更容易失去平衡。改善与对方精神层面上的距离，同时也回想一下自己是否总是任性做出不符合远距离恋爱的行为，也许能找出分手的真正原因。

和他建立最佳距离的方法

如果大家读到这里，可能已经想明白了。

事实上，复合有一个成功的出口，就是"把握彼此精神上的距离"。

有很多人因为幼年时期的家庭环境或某些消极因素的影响，对自己不够自信，通常都需要有人给予更多的爱。因此，不仅在谈恋爱方面，在处理人际关系方面，也不擅长。

精神上的距离过近就会过度依赖对方、约束他，而精神上的距离太远又不得不迎合他，无法坦诚说出自己的心里话，不能对他撒娇等。

以上这些，无论哪一件，都是令他去意已决的理由。

如果你想改善和他的关系，首先从改变你的人际关系习惯开始吧。

在家庭、朋友、同事等周边的人群当中，有没有和你相处不好的人呢？

通过改变和他们的相处方式，保持适当的距离，也许能找到改善你们关系的提示。

关键在于，你打造的人际关系不是主从关系、上下级关系，而是平等关系。

不是轻视对方、说自以为是的话、不为对方考虑；也不是一味吹捧、讨好对方，在他面前把自己放得很低、很卑微。这些关系，都不是彼此平等的关系。

如果在彼此关系中，你呈现的是上面这样的姿态，我敢确定你们的关系不会长久。

关于人际关系，你有必要回想一下自己的处事方式。

大家普遍觉得恋爱关系是人际关系中的特殊行为，但不管怎么说恋爱也是人际关系之一，只要你与他以外的其他人际关系处理好了，在恋爱关系中就会懂得如何与对方把握好距离。

不依附"恋爱"和"他"，
保持独立和自信

还有一些与男友把握不好距离的人，都有一个共同点，就是过于依附恋爱和男友。

依附感很强的人，会任性地管着对方，过度干涉他，就是过度靠近对方的心。

比如在上市公司上班的他，打算跳槽到无名的风险企业。

往往在这时候，很多人会做出过多的负面反应。

"现在挣那么多工资，你有必要跳槽吗？"

"为什么辞职啊？你不想稳定吗？"

大家会不假思索地说出这样的话，但归根结底，辞职是他的问题。

选择在哪里工作，是他的事。你所能决定的，是要不要和做这样决定的他继续相处下去。

如果你不想和跳槽的他继续谈下去，分手就好；如果喜欢他，那就和跳槽的他继续好好相处。

左右不分，把"他的事"和"你的事"混为一谈，对他的事没经征求意见就脱口而出，或者指使他。

"他说要跳槽，这怎么办？"就这样把事情揽到自己身上，显然是开始插手管起男友的事情了。

被插手的对方，肯定不会有好心情。

在阿德勒心理学上，分清别人的事和自己的事，称为"课题分离理论"。

想清楚如何与人保持适当距离，这点十分重要。

特别是忍不住总要指点对方的人，如果能谨记这一点定能获益匪浅。

先不论依赖感的强弱，通常女人谈起恋爱，很容易恋爱至上。

投入全身心谈恋爱并不是坏事，可是如果把恋爱当作自己人生的唯一支柱，等于把自己的人生全部投入在恋爱上面，当恋情发展不如意，你就会倍受打击，感觉人生都结束了，这个状态并不健康。

所以，建议大家在恋爱以外多增加两三个人生选项吧，工作也好，兴趣爱好也罢，丰富一下自己恋爱以外的生活。这样在恋爱谈得不顺心时，也有其他几项选择让自己快乐起来。

只有你具备自娱自乐的基础和保持精神上的独立，才能在彼此之间建立相互尊重的关系。

也只有这样，在恋爱中你才不会过于依附他，做到收放自如。

这样的你在耐心等待之后回到他身边，一定会让他感受到你从未有过的魅力。

客观地看待自己，勇于分析和反思自己

控制好自己的依赖感，与人保持恰到好处的距离，你就能消解人际关系的难处，让自己过得自由自在。为此，你要让自己冷静下来，从客观角度审视自己。

为什么你会插手管对方的事？

或者，为什么无法对他人说出真心话？

其中的理由，你需要从自己身上找一找。不过共通的理由，大部分人都是因为"没有自信"。

正因为不够自信，不愿意对他放手而依赖他，又为了不被他嫌弃而不说真心话。

不过如果你能做到客观地审视自己，勇于分析和反思自己，就能做出改善自己的行动。

打造恋爱以外的人生选项，就是其中之一。

每个人都渴望被他人认可。如果对他过度依赖，"想被认可""想被爱"的认可欲全都指向了他一个人，会让他觉得压力过大。但是如果把你的欲望和心思分散在恋爱和他以外的几个地方，人生的支点就不会偏向于某一点上。

为了和他及周围的人和谐相处，你就要靠自己用心经营，改善你的处境。

然而，也有一些人无论如何都不擅长和对方建立亲密关系。对于这样的人，需要挑战几件事情。

大家是否了解关于沟通的自我分析中使用的"周哈利之窗"模型呢？

"自己也知道，别人也知道"是**"开放窗"**。

"自己不知道，别人知道"是**"盲点窗"**。

"自己知道，别人不知道"是**"秘密窗"**。

"自己和他人都不知道"是**"未知窗"**。

从沟通的观点上看，最理想的是把"开放窗"最大化的状态。

对自己和他人都不存在欺骗，表里如一的状态应该是最容易生存的状态。

另一方面，与他人拉开距离的人，是"未知窗"最大化的状态。他们很少对他人展示自己。

要想逐渐缩小"秘密窗"，你就需要向他人慢慢展示自己的真心。

为此，让我们完成下一页的工作。

周哈利之窗

	自己知道	自己不知道
他人知道	**开放窗** *Open Self* 自己和他人 都知道的自己	**盲点窗** *Blind Self* 自己没察觉， 他人却知道的自己
他人不知道	**秘密窗** *Hidden Self* 自己知道， 他人察觉不到的自己	**未知窗** *Unknown Self* 谁都不知道的自己

缩小"秘密窗"的工作 #1

1. 请列举 10 个
你不能说给别人的秘密

例）内容因人而异，例如说从"屋子很脏"开始到"小时候被人欺负过"的事等。

2. 在 1 中列举的秘密，
按 1 ~ 10 的秘密大小程度排序

例）如果"屋子很脏"是 1，"小时候被人欺负过"为 10 等。

3. 从最小的秘密开始，鼓起勇气依次说给朋友
等可以让你敞开心扉的人听

首先，必须把勇气拿出来。

可能有人会这么想："说这些会不会被鄙视？""他们会不会讨厌我？"

没关系，并不是你想的那样，大家会亲切待你，并且理解你。

请你亲身体会下定决心敞开心扉之后的世界吧。

你将感受到他人对你多了一份信任，同时你还会感到"我的秘密，在别人看来没什么大不了的"。

另外缩小"自己不知道，他人知道"的"盲点窗"，会让你与他人的相处变得更通畅。

要想缩小这部分，需要先让周边的人每次告诉你 3 个"你的优点"。

这可能有些难为情，但是让别人告诉你关于你的事情，那一定是从未有过的新鲜感受。

这些是为了让你客观认识自己、肯定自己，达到善于沟通、处事圆润的目的。

学会用客观角度看待自己的同时，也增加了对他人的信任感。这将使你今后的生活变得顺心，更是直接关系到你和他关系的改善！

控制好你的情绪

　　以上从"男性心理""理解和尊重他的心情""把握人与人之间的距离"这些观点中，相信你已经找出了与他分手的原因。另外，再和大家分享与他改善关系的技巧，想与他好好相处，重点就是"控制好情绪"。

　　也许是因为你的情绪起伏太大，情感方面对他要求过多，使他不堪重负，于是果断和你分手。

　　这是因为对恋人有强烈依赖感的人，更容易感到不安和生气。

　　如果精神上过于靠近对方，将容易造成控制对方、指使对方的局面。

　　事实上，他并不会按你的意思去行动，对吗？

　　所以你经常唠唠叨叨，没完没了……

　　"为什么不听我的话？"

　　"为什么连这些事都不懂？"

这种心情是你对他过于依赖而产生的"期待"。

虽然你的目的是为他好，想让他"要这样做""要那样做"，但如果你的气势过高，就会导致过度的依赖欲和支配欲，你们的相处不会融洽。

关键在于"不要出于好意而对他期待过高"。

比起这些，更重要的是，对他为你做的事情，要怀着"感激"的心情。

大家还记得，在前面讲到"男性心理"的时候，心怀感激将形成良好的互动。

虽然男性讨厌受人强迫，但是他们喜欢主动为对方做事而让对方感动。

不是把他的言行按你的意愿改变成你喜欢的样子，而是像童话《北风与太阳》一样，你由"北风"改作"太阳"，那才是走向幸福的捷径。

只要你和他的相处方式变了，他的反应也会随之改变。

话虽这么说，人毕竟有脾气，在与他继续相处的过程中，难免"噌"地气上头来。

那时候，你就等"6秒"试试看。

根据"情绪管理法"，这是与愤怒的情绪科学相处的方法，因为愤怒情绪的高峰时限为6秒。

在这6秒间什么都不要说，先让自己冷静下来，怒气自然会消失。

基本上，任凭怒气指使，一气之下说出来的话比真话更加伤人，令人深受其害而更加愤怒。

当你感到生气，请在心中默数6秒："1，2，3……"
这样冷静下来的你，就能正常对话了。

之后建议大家回顾一下自己的情绪，"当时我为什么会这样生气？"

那是因为，在感到愤怒之前，你一定怀着"伤心""不甘心""难受"等其他情绪。

愤怒属于"二次情绪"。与其直接表现愤怒，不如把先前你的情绪告诉他，他才更容易理解你。

磨炼出真实的魅力

那么，找出真正的分手原因了吗？

说不定有些人找出来的不止一个，可能想起了好多分手的原因呢。

不过没关系！现在原因都找到了，剩下的只是解决它。

但由于两人已经分手，为了复合，需要再次让对方发现你的魅力，让他重新喜欢你。

为此，有必要再次展现当初让他迷上你的魅力，好好打磨，为了与他再次相恋做好准备。

在这世上谁都是独一无二的。

你身上一定有许多别人不具备的魅力。

其中尤其要关注"必须让他看到的魅力"。

在和他交往的过程中，他曾说过的"你这点让我好喜欢""好棒啊"，想想他曾经欣赏你的哪些方面？

性格也好，外表也好，举止也好，为人处事也好，什么都可以。

回想他曾经称赞过你的话、让他很开心的事情等，都记到本子上。

例如这样的：

- 他夸赞我"看你吃东西，是一种享受"

- 他经常抚摸我的头发，说"你的头发好漂亮"

- 他经常表扬我工作很卖力

- 他说"你的眼睛很美"

- 他说"喜欢你的温柔"

- 他表扬我"你好会做饭呢"

- 他夸我穿西装很有范儿

- 他说"和你在一起我很踏实"

- 他很享受两人共同的爱好

- 他夸我皮肤又白又干净

- 他总笑我"你说话好风趣"

- 他说"我尊重你"

- 他夸我很会照顾人

你想起了多少？

如果怎么也想不起来他对你的欣赏，来自其他人的也可以。

如果你还是不清楚，改变一下思路，问问家人和朋友，听听他们怎么夸你。

从这里开始回想一下，他经常夸赞过你哪些方面？

那么，这些方面就是你"必须展现出来的魅力"。

他是被你的那份魅力吸引，才开始喜欢上你的。

为了让他再次感受到你的那份魅力，你需要再次打磨。

假如他经常夸"你好会做饭呢"，那么，你可以在自己擅长的领域努力做出新的尝试，专门报个学习班提高技艺等，都是不错的选择。

假如他曾夸过"你的头发好漂亮"，那么，你就定期去理发店做头发护理，购买提高光泽度的洗发、护发产品，换把好梳子，让头发变得更漂亮。

关于你的性格、着装等方面，也要用心去调整，使他再次赞赏你。

也许这当中还有一些是你认为 "虽然得到他的赞美，事实上并不擅长"的部分。

如果是你难以接受的部分，那就另当别论了。如果不是这样，那就欣然接受他的评价和赞美吧。

我这么说是有原因的，尤其是东亚一些国家的人，多数人不习惯来自别人的赞美，经常会谦虚地表示"没有没有""并不是那样"。

然而，赞美的这一方，更喜欢听到的其实是一句"谢谢你的赞美"！

更何况，你自认为的能力标准和他人对你的能力评价，可能并不一样。

"并不厉害""明明不是那样的"，当你这么想的时候，说明这些事对你来说的确是易如反掌，或者那是你的天赋所在。

不妨这样想，不用做什么努力就能吸引他，真幸运啊！

　　大家已经知道，复合最重要的一点，是尊重他的节奏，考虑他的情绪。

　　相比你认为的"自我魅力"，不如去强化"你对他的魅力"，这才是先见之明，其效果立竿见影！

　　除此以外，你为了提升原先的魅力而努力的模样，在第三者看来一定是闪闪发光的。

　　迎接全新挑战的人，身上自然会散发着积极向上的力量，这样的氛围使周边的人能感受到你的魅力，也会被你吸引过来。

"重塑吸引"，让缺点变优点

所谓魅力，换句话说是指你的"特长"和"强项"。

反过来，在分手时，对于他来说，"你的缺点"是什么？

为什么现在问这个问题？因为我觉得有可能"那个缺点才是你的优点"。

大家可能在想："什么意思？缺点就是缺点啊！"

不对，并不是这样。

因为，优点和缺点就像一枚硬币的正反面，它们是一体的，凡事有好的一面就有差的一面，只是根据不同状况和不同视角，有时呈现的是优点，有时呈现的是缺点而已。

假如分手时他对你说："你的优柔寡断让我很烦。"

当你只听进这一句话，好像这就是你的缺点，但换个角度来看，也可以说这是你的"温柔""谨慎""深思熟虑"。

当初他很有可能就是被你的温柔、慎重和深思熟虑的魅力吸引了。

只是在交往过程中，让他更多关注了这些优点，才使他觉得那是缺点。

许多希望复合的女性，被男友折腾到丧失了自信心。

"我没什么好的地方！"

"总是惹他生气……"

这样说丧气话的你，其实有许多优点。

容易有这种负面想法的人，让我们一起做下面的工作吧。

缩小"秘密窗"的工作　#2

1. 请列举几个你的缺点

2. 把 1 的缺点改成正面语言试试看

例）急性子　→　高效、时间观念强
　　顽固　→　自我主张、意志力强

可以了吗？

像这样改变对事物的看法和结构的方法，称为"重组法"。

根据重组法，将缺点改作优点进行结构重组，可以把偏离到负面的观点拉回中心位置。

他指出来的"你的缺点"，再怎么也不会超出改正的范围。

但是在重组优点的过程中，你还可以再次证实当初吸引他的魅力。

在这样操作时，你将一点一点找回自信。

对自己信心十足的人，能够把握好人与人之间的距离。

当你和他再次相见时，也一定能够和他建立与之前不一样的坚定而稳固的关系。

改变，以适合他的方式接近他

为了更快更准确地把你的魅力传递给他，最有效的办法，就是根据他的特征改变接近他的方式。

比如"他的自主能力很强"，那么你最好把主导权交给他，多夸他。相反，如果他是"别人优先"的类型，那就需要你稍微主动一些。

"性格TETRA诊断"，将这些男性特征分成了四大类。

首先，需要检查你的他在这1~4个小组中，属于哪一个小组。根据交往时，你对他的印象去判断即可。

[小组1]

☐ 经常询问

☐ 优柔寡断，很多回复是"随便"

☐ 经常送礼物

☐ 多数时候是笑脸

☐ 你最优先，朋友其后

☐　经常被很多人叫出去

☐　经常抱歉地说"对不起啊！"

[小组 2]

☐　喜欢自己的事情自己决定

☐　基本上不会主动搭话或联系你

☐　"其实是发生了这样的事"，喜欢马后炮

☐　给人面无表情的印象

☐　理性说话，理性思考

☐　"没什么事！"看上去没心没肺

☐　"啊！我忘了！"有时候不守约

[小组 3]

☐　会事先做好约会计划和预定

☐　和谁都能友好相处

☐　给人大嗓门的印象

☐　多数时候是在当天决定出游地

☐ "我想这么做!"清楚地把自己的想法说给你听

☐ 互发信息过程中突然没了回复

☐ 朋友多，应酬多，很少待在家里

[小组 4]

☐ 计划性强，看重自己的时间

☐ 记得你过去说过的话

☐ 重视规定和规则

☐ 有一定的情绪波动

☐ 不善于表达感情，沉默寡言

☐ 有时候突然改变约定

☐ 喜欢居家的宅男

在较符合的选项前面打上"√"，符合项最多的小组就是他的特征。

如果不同组出现相同的符合数量，根据诊断内容去判断他更符合哪一组。

男性当中，在工作和私人生活中的表现判若两人的情况并不少见。

基本上多数男性应符合小组 2 的"直男型"特征，而这次诊断看重的是他"在恋爱中属于哪种类型"。

对于以上 4 种类型，分别做了特征总结和追求他的技巧，供大家参考。

[小组 1] 最多	[小组 2] 最多
→暖男型	→直男型
特征	**特征**
·会尽全力配合对方 ·用力过度，经常疲惫 ·对自己没自信 ·优柔寡断 ·温柔 ·优先考虑他人 ·善于待人接物	·总是在头脑中演练 ·在意风险 ·不够感性 ·工科男 ·酷 ·缺乏爱意表达 ·恋爱排位低
追求他的技巧	**追求他的技巧**
属于被动型，最好由你抛出话题，提出建议。他的愿望尽力帮他实现，郑重其事地向他表示感谢，这样他会很开心。	属于直男硬汉型，讲究目的性和利益。和他联系时要有"讲事"的意识，约他见面也要约到他熟悉的地方。

[小组 3] 最多

→阳光型

特 征

・重视直觉
・谈恋爱一直很兴奋
・有装腔作势的举动
・喜欢自由的恋爱
・没有计划，做事看心情
・喜欢快乐的事
・讨厌受人束缚

追 求 他 的 技 巧

这种类型的大部分人有许多梦想，你要对他的梦想有共鸣，并支持他，得到他的信任。他比较喜欢好玩的事情，选择约会地以他的兴趣优先。

[小组 4] 最多

→书生型

特 征

・重情义
・如果自己的意思没有清楚表达，就会不舒服
・黑白分明
・爱憎分明
・有点自我，看心情行事
・表达方式直言直语

追 求 他 的 技 巧

这种类型的人做事喜欢以自己为中心，尽量依他的主见就容易相处。如果女性强势就容易起矛盾，最好做他的倾听者。

用社交平台施展你的魅力

在准备期，要克制和他直接接触。

不过，通过社交平台展示"你独特的魅力"是个例外。

不指定给谁看、公开发送的社交平台信息，他就不会认为这是针对他一个人的。

作为准备期的收尾工作，通过社交平台向他委婉地发散你的魅力，种下复合的种子。

现在根据前面的例子做一下说明，如他赞美你"好会做饭呢"，那么你把"今天的晚餐"作为新主题，同时搭配照片，

发送到社交平台上面，也可以把你和学习班新认识的朋友一起吃饭的情景照放在上面。

重点是用委婉的方式向他示意，你逐渐变成了他喜欢的样子。

起初被你吸引却在谈恋爱过程中忽略掉的原本吸引他的魅力，在社交平台重点投放这些内容，一定有效。

特别是你的容貌，就地取材最容易上手，也是对方最容易看懂的部分，没理由不上传。

如果他之前一直夸赞你的容貌，从美容院回来的路上拍一张可爱的自拍照传上去，再把头像改成自己最满意的照片。

另外，明明是属于你优点的部分，却在提出分手前后，在他那里变成"缺点"的，如果有这样的部分，务必把它们找回来，重新打磨成你的魅力。

他说过"喜欢你努力工作活力四射的样子"，却因为你过于拼命工作，反而成了对他的怠慢。那么，多上传些珍惜个人生活的内容，如假期去旅行，工作后参加活动等内容传上去，给他"努力工作、用心生活"的感觉，那就恰到好处了。

或者，原本在工作中很有冲劲，却因为和他交往耽误了工作，为这事总对他发牢骚，那最好上传工作成果或被领导赏识等内容，表现出对工作动力十足的样子。

　　如果他的心里没有你，将这些内容只发给他看，根本无济于事，反而让他对你产生"为什么特地对我说这些？"的不信任感。而在社交平台上并不指定给谁看，内容直接公开，就不会给他造成生硬的印象，反而让他对你有好感。

　　在这里要注意的是，上传的一定是包含他在内的面向大众的内容。请避免上传过度沉重，或者只有他才能看得懂的言语和片段。

　　诸如此类，在与他分开的这些日子，展示你的成长和变化所需要的时间就是"准备期"。

　　"分开期间如果他忘了我呢？"有些人会有这样的焦虑，既然这样不妨积极把握这段属于你的"私人时光"，打磨你与生俱来的魅力，当这样的你再次与他相见，一定会散发更加耀眼的光芒。

Step 2

分手后，最初的接触

让他解除警戒的沟通方式

第一次联系他，是多久以后？

接下来，经过了准备期，即将进入"行动期"。

马上要和他联系了，不过"到底在什么时机，用什么内容联系他"，很多人感到迷茫。

如果当初分手闹得很难堪，你一定很介意，不想再给他留下讨厌的印象。

根据你和他此时的关系程度，第一次联系的时机和内容都不一样。

在本章，带大家创造第一次与他联系的最佳时机，以及追求他的方法。

首先我想说的是，这一切都是为了尽早与他联系。

因为我们不能排除他会更换联系方式，或者闪电结婚的可能性。

话虽这么说，如果分开时闹了矛盾，曾经被他嫌弃，在这种情况下立即联系他，可能会让他更加讨厌。

如果你们的分手处理得不够圆满，分开后不能像朋友般相处，那么第一次联系之前需要相隔一段时间。

这段时间就是 Step1 中介绍的"准备期"，同时也是抚平你给他造成的不良印象和负面情绪的"冷却期"。

这段冷却期也不能过于漫长。为了找出适合的时机，首先要了解他的近况。这时候最方便的工具就是社交软件，通过他上传的内容，掌握他此时的"工作状况"和"有没有闲暇心情"。也有些人基本不上传自己的私事，那最好的办法就是和他直接联系。

"为了调查近况与他联系，这样可以吗？没问题吗？"

可能大家也有这样的担忧。

不过请放心，如果他不回复就不回复吧，通过这个反应你就能知道，那就是他现在的心情。

相反，如果他很快就回复了，你就知道了"想不到他并不讨厌我"。

但是在发送内容和文字方面，你需要下点功夫。

"你好吗？""最近怎么样？"注意不要发这种令人难为情的内容，请意识到以下两点：

- **开头需输入关心对方的语言**
- **输入对方容易回复的事情**

例）

"好久不见。天气已渐寒冷，最近有没有感冒？其实是我有事想问问你。我想买之前你告诉我的 XX，可以告诉我在哪里买吗？我在网上没找到……"

发这样的信息给他，试探他的反应。

你还可以用其他事情找他，例如找他问共同朋友的联系方式等。

首先你要证实他有没有做出回复。

如果他有了回复，说明他已经接受了你的联系。

根据他的反应，做好定期和他联系的准备。

不过，即便有了回复，如果他的反应冷淡、索然无味，说明他对你的印象还停留在原地。

这时候，就要同时使用在 Step1 中提到的，通过社交平台积极推送"你原始的魅力"。

注意，一定要避免在社交平台发布牢骚和焦虑以及带负面情绪的内容。

很遗憾，如果他没有回复或没有阅读你的信息，或者你被拉黑而无法联系的时候，你就要迅速下定结论，做足准备期的工作。

"不依恋不吸引"是最初的钥匙

作为准备期，计划最长时限不超过三个月。因人类的细胞约每三个月周期更新一次，隔了这么长时间，他心中的负面情绪应该放下了。

最需要花费时间认真准备的，是第三方介入的案例。

如果分手时闹着"要自杀"，连警察都出动的地步，或者有其中一方的家长介入，或者还有你的朋友或他的朋友也掺和进来，这样形成了三方关系，导致事态恶化的，也需要一段时间冷静。

因第三方介入事情变得复杂，需要一段冷却期，或者从你自身冷静地反省和做出改变的意义上，都需要一段时间。

首先，他是不会听你的，第三方也不会依你的想法行动。

心急之下糊涂行事，只会适得其反，这点要铭记于心。

即使事情没有发展到如此乱麻的程度，但在你向对方试探性询问时，对方不予回复，那还是不能过早接近他。

不妨给彼此最长三个月的冷静期，在这段时间里，寻找你

们分手的真正原因，也趁机改善你的人际关系，学会保持适当
的距离吧。

**同时，还有一项任务需要同步进行，就是利用社交平台对
他"不依恋不吸引"。**

为什么要这么做？事态发展至此，需要给他一段时间的冷
静期，因为在这种状况下，多数男性想的是"她可能在求和好""说
不定又要纠缠我"。这时的他可能就会考虑，"如果她又来搭讪，
必须断掉联系"。因为对倾向于解决问题的男性来说，这样的
事对他压力极大。

越想和他搭话，他越是戒备，
越不容易接近他。

那么，让我们活用社交平台铺
设台阶，解除他的戒备吧！

利用社交软件是不错的选择，
上传和朋友一起聚会，一起快乐玩

耍的时刻。简单来讲就是看上去"充实活跃",给他一种"我不在,她也过得很开心"的印象就好。

还有一种方法,是让他看到异性影子的节外生枝法。不指明性别,隐晦地写上和某人出去玩的内容,比如上传"看完电影,咖啡馆喝咖啡中"等。

"会不会是和男生出去的?"如果他这么想,就能给他"看样子对我已经没有留恋了"的印象。

以防万一,需要补充一下,这仅仅是做样子给他看的,是为了让他看到你不再依恋他的印象而做的铺设,你的内心依然可以非常喜欢他。

不过请注意,凡事要适可而止!一旦让他误解"她可能有男朋友了",他的心真的会开始渐渐离你远去。

总之要谨记,这是给他一个微妙的信号,给他造成"我不再依恋你了""不要以为我会一直喜欢你"的意识就好。

 ## 站到复合的出发点，
表示"感激"和"歉意"

经过适当的准备期，收到试探信息的回复，判断出他已经处于接受你的状态。

那么下一步该做的事情，就是拭去分手时你给他留下的不良印象，回到平静的状态。

也许他还没有忘记交往时不愉快的回忆。

也许他对你还是没有留下好印象。

也许他在想"难道她还想拖着我"？

所以，发一封邮件或短信，载满交往以来你对他的感激和对于分手的歉意。

这封信的主要目的如下：

·将交往的点滴视作"美好的回忆"

·拭去分手时的不愉快印象

·告诉他你不再依恋他

你已经开始用社交平台对他进行"不依恋不吸引"了，对吗？

趁这个与他直接联系的时机，争取拭去你曾经留给他的不良印象。

例）

好久不见，你好吗？

和你分开有段时间了，但是与你交往的时光对我来说，是非常美好的回忆，谢谢你。

我会把这次的事作为教训继续努力。你也要加油工作，努力生活哦！

希望今后我们还能做朋友。

最重要的是以下 4 点：

· 和对方表示感谢的话

· 主基调为"不依恋不吸引"

·积极表明以后以朋友相处

·文字简洁，情绪中不带强迫

　　分手时让对方愤怒到极点，死缠烂打过的人，在写歉意文字时，需要添加和对方共情、理解对方心情的语句，如：

　　"那时候惹你厌烦，真的很抱歉！"

　　"你明明是出于好意，我却对你口无遮拦，对不起，让你难过了！"

　　注意避免透露任何留恋的气息。比如："一直没有忘记你和我说过的话，总是在回味！""事情到了现在，我才开始反省！"这些都不可取。

　　"真的抱歉，原谅我吧！"像这样施加自己情绪的文字也要避免。

　　自始至终要站在他的立场上考虑，要记住你写的内容，是为了拭去你给他留下的不愉快印象和记忆。

只有当你对他心怀感激和歉意，那么他曾经的愤怒和悲伤将作为"美好的回忆"被肯定和升华。

同时，他明白了你已经不依恋他而感到放心，将会对你放松警惕，这就形成了开启复合之路的状态。

另外，如果你们分手时并没有发生很大的冲突，你就没有必要道歉，只是若无其事地表达感激他的话语，爽快地表示不再依恋他就可以了。

了解他的心理需求，
配合他的情绪和节奏

关于第一次接触他的最佳时机，让我们稍微做一下整理。

在什么时机，用什么借口去联系他，要根据你和他的状况区别对待。

如果你们在分手时闹得不可开交，那么至少需要 3 个月的准备期。

如果不是这样，那就试试"有事联系"原则，假如他没有回复，还是要回到两周到 3 个月的准备期，在此期间利用社交平台进行"不依恋不吸引"。

然后看准时机，再次启动"有事联系"。

如果他回复了你的信息，那就要发送"表达感激和歉意"的信息或邮件，站到复合出发线上来。

从分手到第一次接触的流程

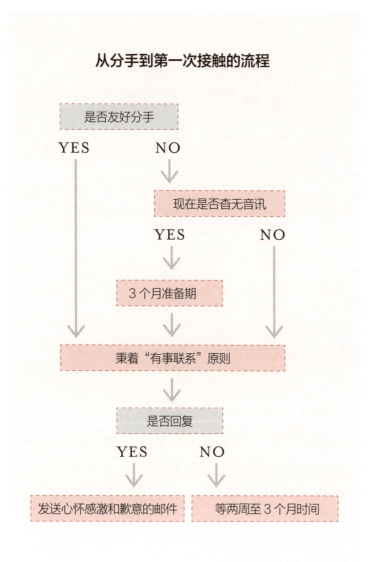

是否友好分手

YES　　　NO

现在是否杳无音讯

YES　　　NO

3个月准备期

秉着"有事联系"原则

是否回复

YES　　　NO

发送心怀感激和歉意的邮件　　　等两周至3个月时间

现在开始讲解的，是关于后续的处理方法和拉近彼此距离的技巧。

在此阶段开始前要记得，和他互动的前提是"了解他的心理需求，配合他的情绪和节奏"。

即使在交往中的两个人，也需要尊重彼此的节奏和情绪。

如果你正处在赢取他真心的阶段，更需要尊重他。

从这个观点出发，对于如何处理和发展关系，我和大家分享两个注意点。

第一点，是关于互动时的情绪。

经过准备期，终于和他取得了联系，你的心情一定非常兴奋和激动。

但是他的反应和你的期待完全相反，当你感觉到他的情绪比较低落，反应比较冷淡时，不禁悲伤地想："他为什么这样不近人情？""难道他还是讨厌我吗？"但是在这种状况下，请配合他的心情吧。因为现在的你和他，并不是恋人关系，再加上他现在并不知道你还对他恋恋不舍。

如果你还摆着原女友的姿态和他互动，他可能会想"又不是在谈恋爱，干吗这么亲昵""装着不再留恋的样子，又来接近我"，当他有了这样的戒备，你和他之间的距离又会拉开。

所以请注意，如果他用敬语回复你，你也用敬语回复他；如果他用全称叫你的名字，你也用全称叫他的名字。如果习惯了在交往时直接叫对方的昵称，此刻也许会感到无限惆怅吧！

但请你把这份失落悄然藏在心底。

在这个阶段要小心不激起他的戒备心，只要对方没有表现出更近一步的意图，就得努力掩饰你的好感，并且不能心急，要完全配合他的节奏。

在此过程中你将察觉出他已经放下了戒备心，到时候不着痕迹地直呼昵称，慢慢地开始缩短你们之间的距离。

第二点，是关于联系的内容。

简单来说，就是"对他有效的内容"。

什么是对他有效的内容，也就是他值得和你互动的，有价值的内容。不用考虑太多，这并不是很难的事情。只要做到让他觉得"能和你互动，挺好的"就可以了。

例如，**谈论与他的兴趣爱好契合的话题**，想必这些他和谁谈论都是开心的。或者聊他擅长的领域和职场的专业领域，都能让他滔滔不绝。

所以在给他写信时，把这些内容作为"有事联系"的契机，他的回复率应该相当高。

例）

"我决定周末去看这次XX（他支持的某个体育项目）的比赛，这次看点是哪个选手？难得去看场比赛，我想提前了解点信息再去。"

"我今天去便利店，看到XX（他喜欢吃的零食）出了限时新口味呢！你吃过了吗？"

"我接到新任务，需要调查XX（他擅长的工作行业），有没有推荐的书或者网站？"

　　这时候你可能还想表达自己更多的心意。不过，请忍住，现在一切以他的兴趣优先。

　　从他的特长和擅长的领域开始打开话题，如果话题有了回应，再写出你对这些话题的想法和感受，若无其事地发给他。

　　一开始只做到这个程度就好。

　　另外，如果你拜托他做了某件事情，别忘记一定要认真地感谢他。再进一步，如果你能做到 "表扬"他，就可以提升更多信任度和好感。

例 ）

　　"谢谢你教我！多亏你懂得多！"

　　"原来是这样！你的品位不错呢，我也买来试试看！"

　　"试了你教我的方法超极方便！谢谢啦！"

　　只要注意使用上述这种互动方式，相信他很快就能适应和你的这种互动。

另外，还要注意联系他的节奏和时间，请把周期设定为两周联系一次。

一旦开始联系，等他回复之后的几个来回和互动次数不受限制，但是要记住，不能因为自己情绪高涨而只顾说自己的，如果你回复的内容和他的信息文不对题就麻烦了。

如果察觉到他的身体状态不太好，或者没有时间闲聊，就回他："不会是工作太拼，累坏身子了吧，不要太勉强自己。"

"如果过度疲劳，ⅩⅩ很管用！我也是靠这个治好感冒的！"

这些关心对方、体贴对方的内容，也会让他开心。

总之就是了解他的心理需求，配合他的节奏和情绪，一定要遵守这个铁律。

"一定是""可能""也许吧"
通常是主观臆断

前面讲到，第一次接触他，配合他的节奏和情绪是铁律。

事实上，这不仅适用于复合，也是恋爱中的铁律。

"他很冷淡，一定是不喜欢我！"

"说好酒会结束了马上联系我的，现在还不联系，一定是和别的女孩子在喝酒吧！"

"总是工作优先，约会其后，可能是他觉得工作比我还重要吧！"

你是否这样质疑过他？

如果疑心过重，在焦虑之余难免会逼迫或责怪他。

男性一般不太会处理被责怪这种事情，结果二人关系开始僵持起来。

明明是全心全意喜欢的人，对方却让你感觉受到冷落，觉得他对你不重视，的确很让人难过。

不过，"一定是""可能""也许吧"等词语后面出现的负面内容，从始至终都是你的推测和主观臆断。

这种状态，就是你根据他的言行而浮想联翩，让自己的焦虑情绪升至云端。

也就是说"一定是""可能""也许吧"后面出现的猜测，通常不是事实。

看上去是对我挺冷淡的，不过他还记得联系我。

可能联系我是晚了些，但他还是约我见了面。

不清楚他有没有把我放在优先位，但他认真和我约会了。

记住，他为你做到的"行动"才是"事实"，才是真实事件。

如果还是不能平复你焦虑的情绪，这时候要做的首先不是责怪他，而是说："你没联系我，我一直在担心你！"用这种发自内心的"事实"直接告诉他你的心情。

他会觉得"让她担心和难受，真不应该"，下次一定会做出改变。

尤其是在复合活动初期，因为主要是用邮件或社交软件等文字互动，他的不理不睬可能会让你感到不安。

有些人甚至因为他在文字最后加了句号就开始忧心忡忡："交往的时候他根本没这样的……"

但是，他并不是为了故意显得冷淡去加这个句号，这并没有任何深层意思，仅仅是这么做了而已。

眼下你要看到的事实是"他给你回信了"。

要是因为"一定是""可能""也许吧"的语言，导致你的情绪下降，这时候记得反问一句："事实上呢？"然后把事情回顾一遍，平复你的情绪，再做进一步行动。

灵活利用社交软件缩短距离

即使到了和他直接互动的程度，也要继续灵活地利用社交平台和软件。

"我正在看你呢！""我欣赏你！"从这一层面的意思出发，在他发朋友圈的时候，记得回复"真好"等评语，这一点很重要。

但是，如果所有的内容都做回应，还是让人很有压力的。

所以，建议你只有在他发了你自己感兴趣的内容，或者自己擅长的内容时，再进行评论。

"多亏你拼到了今天，恭喜！"

"看到你一如既往的努力！"

用诸如此类的评论，充分满足他的表现欲。

相对于他取得成就或出成果的时候，其实在拼搏和努力的过程中就被人评价或关注，更能激起他行动的动力。

只有长期交往过的前女友，才能在评论中肯定他至今为止付出的拼搏和努力。这样既能激活两个人的历史，同时也能让他感到"她还是很了解我啊"。

相反，如果他发的是抱怨和牢骚的内容，这时候最好别做回应。也许他只是找个地方发泄一下怨气而已。

对于他发表的内容，什么时候适合发表评论，什么时候最好保持沉默，说不定能激起你作为前女友的直觉呢。

写到这里，关于社交软件的互动方式有以下举措：

- **继续施展你的自身魅力**
- **不依恋不吸引**

然后要控制上传有关负面情绪的内容，为持续提升好印象做出努力。

再次强调一下，大家一定要避免上传只有他知道的言语或信息，以及交往时的片段等内容。

另外，为了"不依恋不吸引"的目的，隐晦上传和男性约会的信息，向他传递你充实的生活和成长，但是务必要注意分寸，万一让他觉得你很轻浮，那就起到反作用了。

使用"封闭式问题 + 理由"，引出他的真心话"

怎么样？现在是否和他定期互动了呢？

"求他办事的内容发送给他，倒是能够继续互动，但是我们的对话只限于不痛不痒的部分。"是不是很想跟他深入交谈，却不知道怎么切入话题。

这是因为男性和女性不同，他们不擅长闲聊。再加上他们最讨厌麻烦，认为社交软件和邮件只是工作的工具。很多时候，他们会隐藏自己的情绪和想法，只做当下的回复。

对于这样的他，打开他的心扉，让他表现自己的内心，需要用什么样的提问方法呢？

"如果你和女朋友约会，想去哪里呢？"

这个提问看上去还不错，但要绝对避免。

即使这样提问，在大部分情况下，他们的回复都很暧昧或者打马虎眼，如"随便她吧""只要是她想去的，哪里都可以啊"。

这样的提问，是让对方自由回答的"开放式问题"。

它能让你得到各种各样的回复。与此相反，如果对方不是特别积极，那么他更容易一板一眼地只回答眼下的问题。

那么，下面这个问题怎么样？

"如果我和男友约会，海边和山上，哪个更好？"

这是用"A 或 B"简单回答的"封闭式问题"。

如果是这样的提问，他只做选择就行，所以不论是哪个都能积极给出答复。

亮点在于，对于他选择的答案，再来一次"封闭式问题"。

对选择海边的他，继续问：

"如果去海边，你想做什么？"

"在海里游泳和在海边撒欢，更喜欢哪个？"

就这样给出限定的问题，或者给出选择。

这种提问几个来回之后，最终你要问到：

"啊？那是为什么？"

"为什么想要那样？"

追寻他的理由。

人一旦做出选择，必定是有理由的，所以如果问到这里，他一定会认真给你答复。

他是属于喜欢运动、享受和女朋友在海里游泳的类型，还是喜欢休闲、在海边悠闲自在的类型。

如果你和他可以共享他的恋爱观和约会观等价值观部分，你们的距离将一下子拉近。

使用"封闭式问题 + 理由"，引出他的真心话。

大家记住这个方法，善于使用哦。

把他的朋友和家人变成自己人

人最容易受自己周边人的情绪和意见的影响。

不和他直接接触，而是从他的朋友和家人等"外围"开始进攻，这也是一个策略，尤其是当他周边的人对你的印象并不好，这时候建议你把他放在一边，先处理好和他周边人的关系。

不用着急告诉他们你对他还有依恋，首先为你对他们留下的不良印象道歉。

现在的重点在于抹去他们对你的不良印象，所以暂时不需要把你的所思所想告诉他们，一旦你和他们的关系处理好了，以后可能变成自己人。

如果你和他的父母比较亲近，可以和他们经常利用社交平台互动，如果知道他们的联系方式，就和他们联系，告诉他们你们分手的事情。

例）

"一直以来您对我非常关切，不过因为发生了很多事情，×× 和我分手了。可我很喜欢 ×× 的人品，也非常喜欢养育 ×× 的妈妈。如果可以的话，约您一起喝茶，聊天，我将感到非常高兴。"

技巧就是赞赏他和他的父母。

在父母眼里，孩子无论什么时候都是最棒、最令人骄傲的存在。对于如此赞赏自己和孩子的你，他们没理由讨厌。

对他的朋友也是如此。

告诉他的朋友你们分手的事实，以及你至今还喜欢他的人品，他经常在你面前夸过朋友的事，看得出他和朋友的关系非常默契等。

　　分手后和他的朋友以及父母保持联络，从中可以得知他的近况，你赞赏过他的消息也会通过他们传到他那里。

　　"ＸＸ 夸你了呢！"如果朋友和父母这样对他说，想必他的心情也不会差。

　　外围打好埋伏的作战模式，总的来说是一个附加补充项，如果你不知道他的朋友和父母的联系方式，也没必要强求。

　　如果分开后唐突地联系他的朋友或家人，只能引发你对他不够信任的感觉，容易让人产生戒备，所以一定要谨慎行事，三思而后行。

Step 3

建立随时都能见面的关系

用"全新的自己"
颠覆过去

如果已经建立了定期联系的关系……

在前面已经设定过，和他定期联系的周期为两周一次。

和他联系已经过了一个月，也就是至少有两次是你主动联系他的，他也做了回复，意味着可以进入下一步计划了。

下一阶段，终于到了两人真实见面的环节。

什么？就要见面了，好紧张啊！此刻的你是不是有这种感觉呢？

那么，加入一个缓冲带，先从打电话开始挑战吧。

相比直接见面，打电话的跨度不算大，但是可以和他直接对话，比起发邮件和社交软件近了许多。

这种"些许心跳的感觉"，也是打电话的目的之一。

"好久不见"，电话这一头的问候，多少能给他带去心跳的感觉。

心理学中的"吊桥效应"，是指共享心跳感应的情况下，

容易产生恋爱情愫的现象。

　　一定要让他体会到和你通话的心跳感。

　　不过，在毫无准备的情况下接到你的电话，他一定会很吃惊。也不能因为这样，用邮件和短信告诉他"现在可以给你打电话吗"，这也是唐突的行为，他可能会想"为什么是我"。

　　怎么样才能顺其自然地给他打电话？

　　当你读到此处，一定会有答案了。

　　没错，就是前面提过的用邮件和社交软件联系一样，秘诀在于和他打电话是"有事联系"。

　　用文字互动，不容易传递细节的部分，利用这个缺点制造状况，就是"我想打电话更方便一些"。

　　例）

　　"我到了上次你说的那个店附近，却找不到地方，我给你打个电话方便吗？你告诉我怎么走好吗？"

　　"我打算换手提电脑，听你说过你现在这个用得非常好。

我想问些详细的配置，现在方便通话吗？"

重点在于把打电话的"目的"明确地告诉他。

男性的大脑，是为解决问题而生的，这样他就不会觉得别扭，应该会尽力出现在电话那头。

见面之前介入电话缓冲，是为了解除"两个人见面"时的抵触状态。所以，不要期待通话的内容如何，最好是在说完事情之后尽快结束通话。

如果通话过长，对方可能会察觉到你对他还有依恋。

然后和通过邮件、社交软件联系一样，如果他如你所愿帮忙了，千万要记得感谢和赞赏他！

制造见面的事由

　　如果你们顺利通过打电话环节，那就开始落实直接见面的环节吧！

　　话虽这么说，该怎么约他出来，还是有些迷惘吧！

　　没问题，这跟邮件、短信和电话一样，把事由掺和进来，为了顺其自然地见面上演一场戏。

　　最理想的剧情，应该是从他的兴趣和爱好出发，而且这件事对他有益。

　　例）

　　"听说有一场××（他喜欢的艺人）参加的演唱会，正好我喜欢的艺人也参加，打算去看这场演出，我拿到了两张票，你要不要一起去？"

　　"我拿到了优惠券，要不要去吃××（他喜欢的食物）？"

你觉得这样的借口如何？

"如果他觉得这明显是要约会，可能拒绝……"要是出于这样的顾虑，那就寻找更加像样的事情。

"你之前推荐给我的ＸＸ（书或 CD 等）已经绝版，买不到了。如果方便，你的能借给我吗？"

"我想看ＸＸ的书，可是在网上和书店一直买不到呢，如果你有可以借给我吗？"

如果拿借东西作为托词，最好借别人没有而只有他有的东西才不会被识破。

"我会去那附近办事，到时候麻烦你了。"如果再补充这一句，会更加自然。

如果和他借东西，作为对他的好处：

"作为报答，我请你吃你喜欢的东西啊！"

"我带你喜欢吃的点心过去啊！"

这样告诉他，一定会有效。

总之最终目的是为了和他见面，所以什么样的内容都可以。关键是要显得自然，各种套路大家都可以思考。

如果你之前和他交往过程中的负面印象已全部消除掉，在当前的互动中又和他建立了信赖关系，不出意外的话，在通话一周之后就能和他见面了！

被拒绝也不要介意

来，我们在这里预演一遍。

在和他互动中最大的前提是什么？大家还记得吗？

答案是"配合他的情绪和节奏"。

"好想给他打电话""好想和他见面"，你的心情有没有超出他的节奏，是不是施加了你的情绪？

在进展过程中你需要带着这些问题经常回顾。

"如果你忙就不打扰了！"

"你什么时候有空？"

用这样的态度，优先考虑他的状态。

这样的话，即使他回绝了，你也不必在意。

"被他拒绝了，看样子没戏了！"

"他拒绝了，看来他还是讨厌我。"

也许你的心情一下子又跌入谷底，不过，大家冷静地想一想。当你邀请朋友一起出去玩，碰巧朋友的时间不合适，这是不是正常现象？

你一定也拒绝过朋友的邀请，讲好改天再一起出去。

如果是普通的人际关系，你会觉得拒绝和被拒绝都属于理所当然的事。

他之所以拒绝，并不是因为讨厌你，而是因为脱不开身。

不必陷入"他为什么拒绝我"的想法中，要侧重于"原来他不方便"，然后爽快地告诉他："那下次再约吧！"就把这件事情翻篇了。

一旦你这样做了，他可能会想："这次没能赴约有点难为情啊，下次不能再推脱了！"因此，下次他一定会配合你的时间。

久违的约会，怎么选约会地点？

· **用邮件和社交软件互动**

· **电话**

· **有事见面**

通过上面这些互动，如果你已经获得了他的信赖，在不久的将来，一定能迎来约会的曙光。

自然是由你来约他，也有可能是他主动邀请你。

当然还有一种水到渠成、自然而然的可能性。

不管怎么样，当事情进展到"两个人去哪里玩"的话题，选择地点是非常重要的一点。

前提条件务必是"他感兴趣，他想去的地方"。

他的兴趣和爱好都有哪些？

你可以提出与其相关的活动，或之前他想去的地方，他一定会喜欢。

需要提前调查活动地点和相关信息，把功课做足。

比如找到之前参加过这个活动的人，参考其对本活动的感想和评价，当天如果需要排队，如何节省时间，在现场能吃到什么样的美食或特产等。

在约会中要想给他留下好印象，就需要让他感到"好开心"。

夸张地说，是否提前做足功课，决定着事情进展的好坏。

如果你决定挑选与他的兴趣爱好不相关的地方，推荐你们去"网红约会地"，如热门的景区、展览馆、水族馆、美术馆等。网红约会地，不怕找不到话题。

久未见面的你们，因为紧张可能找不到话题，而这些自带话题的网红约会地，所到之处都有明确的交流对象。如到了景区，就是交流参观游览的景点，在展览馆或美术馆可以交流艺术作品等。

不用顾虑该说些什么，只要跟随眼前的一切交流感想就能聊得下去。

　　另外，有些地方是需要谨慎的，如商场和购物街。如果你已经明确想好要买什么，倒是无关紧要，如果只是随便看看，这时候需要注意了。

　　女性很享受走走看看的感觉，男性多数是买到想要的物品就结束了。除非他关注时尚，喜欢浏览橱窗，或者告诉你"想买个东西，我想跟你一起看看"，除此之外最好避免和他闲逛商场。因为对于解决问题式思考、目的性思考的男性来说，这种浏览橱窗的方式和他的喜好格格不入。

　　如果你必须要逛，就提前和他打好招呼，"我想逛很多店之后再选择购买"，目的先明确了，也许他会容易接受。

　　两个人吃东西，不建议去酒吧或大排档。因为周边太吵闹，没办法安静下来，不容易对话。

　　想要去餐馆，那就选择环境好的带半包间或者全包间的。选择餐饮店的窍门是，相比灯火通明的门店，光线温馨的地方更适合约会。因为当人处在幽暗处，更具有诉说真心话的倾向。

再次相见要有"新鲜"意识

面临和他约会，我再分享一个重点。

也许你认为做出这些行为都是为了和他"重来"。

然而，所谓复合并不是纠结于过去，如"前言"所写，是将过去视作粮食，为了创造你们共同的未来而做的努力。

曾经的交往，是你和他共同拥有的回忆。

因职场或兴趣、朋友关系等生活圈中的某个交叉点，你们产生了相互吸引，由此开始了交往。

没错，你和他，原本就是彼此的"缘"。

不过，从今往后在你与他直接见面、深化关系的过程中，不是"重来"，而是"从头来过"，即从零开始建立全新的关系。

这不仅体现了你的包容心，更是为了给对方留下"全新的印象"。

男性容易被新事物和有变化的东西所吸引。

原本有缘的你，这次带着不一样的"新女性"姿态出现在他面前，他会怎么想呢？

"我遇到的这个女人绝对是我想要的类型。"

他一定会陷入这样的思索。

所以还是要强调一下，**和他久违的见面，一定要注重"新鲜感"**。

最直接有效的，肯定是"外表"。

在使用社交平台吸引注意力的环节也讲过，外表是最容易看出变化、最容易改变的部分。

再加上男性比女性更在乎外在形象。你是他的前女友，因此在他的心中某一处仍存留着"她是我的"的想法。

就在这个时候，见到久违的你，你会发现他的眼神瞬间发生变化……

"咦，怎么看上去像是完全不认识的人？"他是不是有这样的感受呢？

更何况现在见到的你比当时变得更可爱、更漂亮……

"她可能不再属于我了……"他会有种失落感，面对比以前更可爱、漂亮的你，他一定非常在乎。

打造外形的技巧，在于"差距"和"轮廓"。

遗憾地告诉大家，多数男性看不出细节，对于稍微调整妆容的程度他们根本察觉不到，需要你做出一眼看得出来的改变。

如果之前是长发就果断剪短，或者把短发留长，如果总扎马尾的就把头发放下来，或者烫成卷发也不错。

穿着习惯也从他熟悉的记忆中做出全然不同的改变。

如果习惯穿西装，那就从"西装裙→西装短裤"或"西装短裤→西装裙"试着做出颠覆性的造型。

如果之前都是休闲装，改穿富有女人味的着装；如果之前是女主播风格的着装，可以穿得稍微性感些，或者比较酷一些。

改变幅度越大，他越能感受到你的不同。

"好像气质不一样了，变可爱了！"你只要第一次约会给他留下这样的印象，那就大功告成了！一定能顺利推进下一次约会。

换作是你，比如第一次走进去的西餐厅，虽然味道不怎么样，却因为店员的极致服务，也会认为"真是个好餐厅啊"。

反过来，如果第一印象不好，哪怕再好吃，也会认为"一般般吧"。

人际关系也是同样的道理。

只要第一印象很好，他以后对你的言行都能用正面情绪去接纳。

第一印象固然重要，赴约守时等常识性行为，也关系到好印象分数的加减。

记得不是"重来"，而是带着和他"从头来过"的心情面对他！

打造留下好印象的外形

前面讲过在重新约会的第一印象中，呈现"新鲜感"非常重要。话虽这么说，但是给他造成不愉快的新鲜感受，那就没有意义了。

给他带来好感的第一印象，该是什么样的？

如果你平时穿紧身裤，就把装扮改为连衣裙等裙装风格；如果你习惯穿深色调衣服，就尝试换成白色或粉色等干净的温柔色系；如果你平时的发型是直发，尝试改变成蓬松的卷发更容易留下好感。

简单地讲，就是第一眼给他留下很有女人味的印象。

从这层意思出发，建议穿稍微体现身形的服装。

曾有人问："可以穿暴露些的衣服吗？"并不是这个意思。

如果穿着过于暴露，显得没有品位，有些男性讨厌这种装扮。即使暴露，也要协调好上下着装的均衡感。比如上衣如果穿了露肩款，下身就穿中长款遮住腿部，看上去只露出一部分肌肤即可。

你也可以事先打听他的着装取向，穿上他喜欢的衣服款式。

另外，可以回想一下，以前你穿什么款式的衣服，是他赞赏过的？在服装店时他曾说"这款很好"的西装款，是什么样的？也可以参考他喜欢的女艺人同款。

还有，他的妈妈、姐妹、朋友和同事等他周边的人，大部分是什么气质类型？因为人们通常对接触频繁的人具有亲近感。想一想在他周边的人之中，他比较喜欢的女性，也许能掌握他的喜好吧。

"大概是这种感觉吧！"如果你知道了他喜欢的款式，一定先穿给你的男同事或男性朋友看，听听他们的评价。

这时候如果他们说"跟以往的气质不一样了呢"，或者说"和以往不一样，不过很适合你啊"，那就足够了。

你就放心大胆地穿上新款赴约吧！

即使配合他，也不会丧失"你自己"

读到这里，也许有人会想："为什么都要依着他？"

"我也有自己喜欢的风格，喜欢什么是我的自由！"

"什么都要依他的喜好，这样下去要迷失自己了！"

当然，你没有必要限制你的喜好，也没必要完全放弃它们。

只是在和他重新约会的起点上，需要费些心思给他留下美好的印象。

穿上和以往不同的服装，并不会遗失你自己，你就是你，这一点是一辈子都不会改变的事实。

所以，不会因为你穿了和以往不同的衣服，就和别人一样了。

第一印象和服装，不过是你展示给别人看的"外在形象"。

你已经具备了让他爱上你的内涵，何必让表面印象干扰了他，非常不值得，对吗？

既然这样，把最容易改变的外形改成他喜欢的类型，试图让他了解你的内涵吧！

不喜欢大众化的人，或者害怕丢失自我气质的人，也许是恐惧"变化"的人。

我曾经有一阵子也不喜欢"和别人一样"，喜欢艳丽而奇特的着装。现在回想起来，可能是那时候对自己不够自信，所以用服装武装自己吧。

自从成为独立的恋爱、复合咨询师之后，我穿上了符合自身职业的成熟服装，常听人们说："这样的服装也不错呢！""很适合你呢！"有了这些经验，我就自然而然地找到了自信。

"打算给对方留下什么样的印象？"

跟着这个问题，在挑选着装的过程中，你会发现全新的自己，从而找到自信，从容赴约。

记住不管穿了什么样的服装，你始终是你自己。

从出生的那一刻开始，你就是独一无二的存在。

这一点，千万不要忘记。

缓解紧张、释放魅力的举止

如果你以他超级喜欢的造型出现在他面前，他的内心一定非常兴奋。他要是直接把这个想法告诉你倒也没有什么，但是久违的他不怎么爱说话，你也跟着坐立不安起来。

不过也有可能是见到你这般可爱的样子，他是因为紧张而变得沉默寡言。说到底还是因为相隔太久刚见面，紧张的可能性比较大。

这时候你该怎么办呢？别忘了，就是想办法引出他的真心话，还记得"封闭性问题 + 理由"的话术吗？

你向他提出用"YES or NO"或者"A 或 B"回答的问题，然后问他选择答案的理由。

还有一点建议，为了缓解紧张感也好，活跃对话也好，有件事要在约会开头就要提起，那就是"赞赏"他。

和前面讲的一样，赞扬对方，可以提高信赖感和好感度。

约会刚拉开帷幕，你就把它放进来，他一定会感到放松和自如。不过，不贴切的赞扬只会起到反作用。

赞扬的诀窍在于关注这两点：

· **随着时间的流逝发生的魅力变化**

· **一如既往的魅力**

第一点是在见面时第一眼就注意到的，"咦？好像变帅了哦！""发型变了呢，真适合你啊！"等等，指出外形的变化，赞扬他。

第二点是在过了一段时间后，观察他的性格和举止后，开始表扬他的内涵，"你还是和以前一样温柔""一如既往的拼劲十足"。

如果在约会的前半部分对他的"赞赏语言"被顺利采纳，后半部分的约会一定会乘势升温。

仔细观察他，发现更多的赞赏亮点吧！

另外，记得要随时面带笑容，除了对他微笑之外，也要对周围的人彬彬有礼，时刻保持礼貌和风度，这一点也十分重要。

　　还要注意一点,你坐在椅子上或蹲下的姿势,收拢脚的样子,撩头发的手势等,做到尽显女人味的举止,那就完美了。

　　这将给你的对话力、关怀力多添加女性的氛围,第一次约会将给他留下相当好的印象。

为了让他"想和你多待一会儿"

虽然这还算不上真正的胜负问题，但还是要问，你认为什么样的约会能评判为"这次的约会我完胜"？

答案是让他感到"还想和你多待一会儿"的约会。

只要有了这种感觉就容易开展下一次约会。

影响人的好感度的，不是见面后在一起的时间长短，而是见面的次数，在心理学上也称为"单纯接触效果"。

和仅仅一次很长的约会相比，短而多的约会更容易让他产生好感。

也就是说，只要一小时的简餐时间足够了！

那么，该怎么做才能让他感到"本来很想和她多待一会儿""还想和她约下一次"呢？

当然，上演愉快的约会是重点，果断地分别也要讲究技巧。

举个例子，当你去卡拉 OK 唱歌，一整晚都玩得很开心，可回来的时候会不会想"这段时间不要再去卡拉 OK 了吧……"

反过来，如果尽情唱到一两个小时就结束了，一定会想"本来还想多唱一会儿的""下次再去吧"。

对于人来说，留下印象最深刻的是"最初"和"最后"。

俗话说"结果决定一切"，分别时留下的印象，将令他记忆犹深。

他是你的最爱，你一定很想和他待久一些，哪怕是多一分或一秒。

不过，尤其是第一次约会，请在还没过足瘾时迅速结束。

越是在约会的高峰时段结束，越能让他感到："咦？就要回去了吗？"

假如你和他约会去看电影。

通常你在电影看完后，随口会说："喝杯咖啡怎么样？"这次请你忍住。

"电影不错哦，预告片看上去也挺好看呢。时间差不多了，回去吧！"你就这样爽快地结束约会。

在快乐的顶端结束约会，他一定会想："还想再说说话的。"

补充一下，假如是他邀请你"去喝咖啡吧"，或者"要不要去河边看看夜景"，那就没必要拒绝了。

不过，在这里重要的依然是，不能让他的心情"很饱"，在延长时间的情况下，也不要忘记找准时机果断结束。

不要无原则地满足他

在前面叮嘱过多次，关键是要配合他的节奏和心情。

为了避免产生误解，在这里强调一点，"并不是他所说的一切都要配合"。

为了抓住他的心，重新建立信赖关系，演绎快乐时光和优先照顾他的情绪，这些确实很重要。

但是，"你来接我""你买单吧"诸如此类的所有需求都满足他，他会喜欢我；听从他说的每一句话，他会喜欢我。如果你有这样的想法，就很危险了。

这并不是平等关系，而是主从关系，特别是在还没有实现复合的阶段，不管他怎么恳求，都要避免和他发生身体关系。

无须多讲，发生关系对于男性是"和女性交往好处"的终极目的。如果在交往之前就已经达到这个阶段，那么他对你的兴趣就开始变淡了。

值得一提的是，如果是因为他喜欢你，想和你认真交往，那么他的目的不只是上床。只是，从男性的本质上看，一旦有过一次关系，"想要得到她"的欲望已然得到满足，优先排名也开始下滑。女性朋友们一定要谨记这个事实。

女性想到的肯定是"一旦和他发生关系，我对他是特别的"。然而男性根本没有这种意识，所以他们总被女性诟病为"原来只想和我上床，太过分了"。面对这样的受害者意识，男性觉得自己变成了加害者，会很厌烦。

如果你决定在开始交往之前和他发生关系，就要彻底分清楚那只是一时之欢，不要相互站到"被害者"和"加害者"的队列中去，要认定从头到尾都是你情我愿。只要带着这种心情去面对，你们之后的关系也不会纠缠不清。

事实上，要弄清鲜明的分水岭并不简单。一旦发生关系，只会更加喜欢上对方，这就是女性。所以如果对方提出这方面的要求，"等我们认真交往之后吧"，就这样委婉地拒绝他。

把你的身体魅力也当作复合的武器吧！

即使他有了女朋友，也不要惊慌

在进行复合活动期间，他交了女朋友！

分手后，随着时间的推移，这种事情有可能发生。

听到这个情况的你，可能深受打击，感到危机四伏，没有回头路，无助到想哭。

不过，请你放心。即使他有了女朋友，也不必惊慌，不必担心。因为从长远来看，你想要的结果是让他回到你身边，那么其他的都不重要。首先你要做的，是不要带着受挫的心情找他理论。

现在的你不必纠结这些，你要瞄准定位，成为他吐槽新女友、新恋情的倾听者，帮他出主意，成为他"最好的朋友"。

一旦分享了恋爱的烦恼，你们之间的距离就缩短了。

作为异性能给出建议的朋友，会成为他最特别的朋友。

对于他交了新女友这件事，你要表示祝贺："真好啊，恭喜你！"再补一句表扬他："ＸＸ你这么帅，你女朋友的心情我太能理解了！"

偶尔聊聊天，就问他近况："最近，和她怎么样啊？"

男性一般会回答："还行吧！"或者"不怎么样啊"，这时你不必大惊小怪，淡淡回复一句："原来是这样！"

在这时候，如果他说"前几天还吵架了，挺烦的"，或者"她这个人……"然后开始发起牢骚，就回应他："不容易呀，不过那是因为你很温柔啊！"用这种倾听者的立场去表扬他。记得不要指责他的新女友。

你给他打气，让他恢复信心，就这样周而复始之后，"她这么理解我，该不会是……"他一定会开始注意到你的好。

有一点提醒大家，他和新女友相处很好的时候，你就不必出来掺和。**因为男性一次只会做一件事，当他跟新女友卿卿我我的时候，不管你怎么着急，你们的关系都不会发生任何改变。**

人际关系是有波动的。他和新女友总有一段倦怠期，如果发展到经常吵架的阶段，这时候你帮他分担烦恼，好好表扬他，机会自然会轮到你。

Step 4

当他对你回心转意

促使他主动表白的进退战略

再开心也要避免"用力过猛"

终于盼来了复合胜利的最后一关。

通过邮件和社交软件的互动很顺利，打电话和直接见面都不尴尬。走到这里，就差最后一步了！

考虑到复合之后的幸福，不建议你主动表白，而是由他向你表白。因为幸福的恋人关系，最重要的就是双方平等的立场。

如果由希望复合的一方先表白，对方容易产生"是她在追我""她在主动复合"等想法，在不知不觉间将形成优越感。为了避免产生这种不平等的关系，需要引导他向你表白。

既然这样，你就不能用力过猛。

这里说的"用力"，是指由你和他联络、见面时表示好意等为了你们复合所做出的表现。

正如我在前面分享的许多表现方法，尤其在初期阶段，你是必须要做出表现的。

但是，到了最后阶段，需要下点别的功夫。

　　大家一起再温习一遍，用社交软件和电话等联络只限于在"有事联系"的时候进行。

　　可能会有这种情况，一旦和他保持了良好的互动，开心之余来不及细想，给他发送他不感兴趣的内容频繁联系。

　　前面已经讲过，对于男性来说，这些联系工具只是处理"事情"，并不是用来联络感情的。

　　如果联系过度频繁，他可能对你带来的信息感到"吃撑"了，这就很难形成"还想见到她"的氛围。

　　更何况男性不太擅长用语言去表达感情，这般辛苦的事情如果让他做多了，只会让他感到疲倦。

　　希望大家重新理解交流工具的意义，从始至终它只是"为了和他见面的工具"。

接下来是相处方法，谨记不要太依赖他。

大家在准备期阶段，已经学习了不要把自己的情绪和状态全部施加于他。

即使现在你们已经形成了良好的互动氛围，你也要避免过度依赖、娇气。简单地讲，就是别让你的存在成为他的"负担"。

"可能嫌弃我了""可能不喜欢我"，你越这么想会越不安，忍不住想要联系他，或者采取限制他行动的"用力"举措。

你要放松心态，他既然还和你见面，就不存在嫌弃一事。而且要理解他，即使工作很忙，他也专门抽出时间和你约会，要对自己保持信心。

通过你的言谈举止，要让他发现"她变了""重来一次也无妨啊"，只要你能做到让他感到踏实的程度，引导他表白的准备，就算是万事俱备了。

"你进我退"进一步拉近距离

进展到这里，剩下的就是"如何让他表白"的"你进我退"的行动。

"你进我退"是为了让他追上来，实际上就是引导他向你表白的行动。

不能让他停止追求，所以你必须要逃跑。

大家试试以下行动：

- 减少时常表扬他的次数
- 减少联系他的次数
- 晚上约会过晚，透露出在意时间的举动
- 给他制造你很忙的假象

也就是说，一直以来"用力"的你，现在开始显得"无力"了。

他看出你和之前不一样，有些不知所措，一定有一种危机感，生怕你"逃跑"了。正是这种心情，将成为他表白的动机。

但是这个"进退战术"一定要把握好时机。

在他并没有对你回心转意之前采取这个动作，不仅无效，甚至会让你们产生更大的距离。

事实上，他的心意是否回到你身边，从结束约会返程时就可以判断出来。

已经告诉过大家，约会时间不宜过长，要瞄准时机结束。如果临近返程时间他总邀请你"再多待一会儿吧""再找一家喝点吧"，另外总是问"下次什么时候见面？"，这种情况都说明他的心意已经转向你了。

是时候发动"进退战术"了。

如果你在准备期认真地执行过每一个环节，不必专门留意这部分，也能轻松地做"减法"。

因为你除了和他恋爱以外，还有许多事情等着打理，所以和他做减法游刃有余。

与此相反，一旦他和你联系，你就马上跳起来"赶快回复"，不论大事小事都把他的约定放在首位，这些足以说明你还是非常依赖他。

注意，"进退战术"只有到了和他直接见面的阶段，才可以使用。

在邮件和社交软件等纯文字互动时期，绝对不能启动这项战术。因为你在这个阶段，没办法核实他是否回心转意，再者，文字的互动很容易发生偏差。

大家务必彻底掌握保持适当距离的办法，才能到达"进退战术"的级别。

从朋友"升级"到恋人

你们已经做到了定期互动，彼此也期待约会，可是交往中还是感觉欠缺些火候……

如果遇到这种情况，他很有可能没把你当"异性"看待。

"朋友"和"恋人"的差异就在这里。

既然他迟迟不把你当"异性"看待，就得积极制造氛围，让他意识到你是"女性"。

在 Step3 中，我和大家分享过如何打造给他留下好印象的外形，让你看上去女人味十足的造型。

比如服装，相比艳丽鲜明的颜色，更适合选择温馨柔和的色系；发型方面，尽量选择和之前不同的造型，如果以前是直发，这次就改成卷发等。

除了服装和造型，另外在举止、言谈等方面也要有女性化的意识。比如，你是否和他在一起时满不在乎地张腿坐着，胸口走光却带着一副若无其事的神情呢？一旦你忘记了作为女性的矜持，他将不再对你有女性意识。

只要让他看到你整理裙子的边角，收拢双腿等细微的举动，都能够改变他对你的印象。

让他看到你"会做饭""手提包和房间收拾整齐""会精打细算"等家庭日常生活相关的一面，也非常有效果。

另外，为了推进你们滞留在朋友层面的关系，记得在Step3中讲解过的令他愉快的行为，不能只停留在当时，例如选择约会地点，在约会中的言谈举止等，从现在起持续发挥这些优势。

在付出这些努力的同时，认真克服他指出来的缺点，并且时刻记得保持女人味。对于这样的你，他没理由不主动求复合。

假如你们已经形成了随时都能见面的关系，"应该没问题了""很快就要复合了"，抱着这种想法松懈下来也是人之常情。

那么就在这个关键时刻，请你再次打起精神，引导他向你表白吧！

营造氛围，让他放心表白

如果你已经抵达"进退战术"的环节，也感到他对你已经回心转意，那么进入最后一个环节，就是告白的"餐前准备"。

男性是自尊心很强的生物，一旦被对方拒绝过，无法在短时间内恢复自信，除非他非常肯定"现在是时候"，否则并没有表白的打算。

和你之前谈恋爱时，如果是他先提出的分手，让他泰然自若地继续和你交往一定很尴尬。

这时候你需要制造"如果你表白，我就 OK"的氛围。

也就是给他降低表白的风险。

具体有如下几种感觉：

· 向他透露 "我就喜欢××你这些地方" "××，你可真好" 等信息。

· 两个人去一个安静的可以慢慢聊天的地方。

· 主动提出 "如果我们重新来过，一定很开心啊" "如果谈恋爱，好想去某个地方" 等暗示。

在这里提示一下，不要过于直白。如果你惯用的伎俩，只是用一句"喜欢你"向对方表示好感，仅仅是你的告白而已。

男性倾向于解决问题，是目的性的动物。如果给他造成必须当场回答"YES or NO"的处境，他将倍受精神压力。

如果他已经下定决心，将回复"YES"，万一他还有迟疑的部分，可能毫不犹豫地回答"NO"。

他一旦表示拒绝，场面就尴尬了，好不容易拉近的距离很可能又要打回原点。

向他示好的尺度要把握得当，迫使他表态是不可取的，你只要营造让他随时都能表白的氛围，近期他一定会向你表白。

在找我咨询的朋友当中，80% 的人已经收到对方的表白而成功复合了。

让我们一起期待那一刻的到来吧！

Step 5

这种情况，
应该怎么办？

Q & A
不同案例的修复方法
及建议

复合之后，幸福情侣和分手情侣的差别

趁势复合的情侣，最终还是以败局告终。

与其相反，费尽周折复合的两个人，将编织一股牢固的纽带。在找我咨询的案例中，已经有60%的复合成功者在谈婚论嫁了！

话说，这其中有什么差别呢？

我始终相信，**这种差异在于本人是否愿意认真面对自己，愿意在和对方的交往中做出改变，让自己获得成长。**

复合活动的流程并不简单，每一个环节都要靠自己自觉地去完成。

你要是真心实意地爱着他，下定决心努力一把，即使复合后又出现新的障碍，相信你也能和他一起跨越。

正因为如此，复合成功后抵达结婚彼岸的概率也很高。

根据你和他的不同情况多少有些差异，但是从准备期开始，我认为至少需要 3 个月的时间，你要有条不紊，专注执行。

某些情况下仅仅准备期就需要 3 个月。不过很多人一旦走到和他直接接触的阶段，事情的进展就会出乎意料地顺利。

花费时间自有它的理由。

复合活动好比战略，让我们不急不躁、耐心地面对它吧！

以下是我遇到的不同的复合案例，和大家分享。

用 "★" 数量表示复合成功的难易度。"★" 标的数量越多，表明这个案例的难度越高。

这些案例不一定和你的情况完全吻合，但是有一定的参考价值。

案例 1）持续的杳无音讯
难度系数 ★ ★ ★

我们是从学生时代开始的马拉松恋爱，其中经历过许多次分分合合。每次分手，我都是找朋友诉苦、商量，总之是能恢复关系的，可自从上班以来，我们产生了距离，他宣告分手。

问他为什么要分手，他说："不喜欢你把我俩之间的事情拿去和朋友商量。明明是自己的事情，偏要去找别人解决，我觉得很奇怪，没办法再相信你。"

我想着之前也分手过好几次，这次应该也能和好，于是过了一个月之后试着给他发信息，结果并没有显示已读。我感到不可思议，后来又发过几次信息，仍然毫无音讯。又下定决心给他打电话，结果他也不接。

到这一步我才明白，他把我拉黑名单了。

我终于明白这次的分手和以往不一样，他是认真的，我感到十分焦虑，很想和他道歉，从头再来，但是联系不上他，不知道怎么办……

[建议]

杳无音讯，无法联系，这是非常令人难过的事情。不过，既然你和他是"从学生时代开始的马拉松恋爱"，说不定以后在各种场合都能取得联系呢。借同学会的名义再次见到他，也是非常可行的。

如果你们有共同的朋友，首先你和那位朋友联络看看。不要一开始就问他的状况，先开始各种闲聊，然后再假装不经意地问起他。

如果你觉得突然联系他的朋友很尴尬，或者不知道他的朋友的联系方式，那就从社交软件开始找找看吧。

我想，他现在是因为"连这都和朋友说"而对你失去信任的状态。为了复合，争取和他联系固然重要，但前提是需要让他看到和从前不一样的你。

为此，现在不是你一味地向他吐露心声的时候，而是先和他建立信赖关系，就是拿出"想重新成为好朋友"的态度。并不是突然回到恋人关系，而是先做回朋友，从朋友开始变成挚友，进一步从挚友变成恋爱对象，就这样逐步找回爱人！

案例 2 ）对方已经有了恋人

难度系数 ★ ★

我们是通过朋友介绍认识的，聚会出游时走得比较近，我被他热烈的追求所打动，开始了交往。

他刚开始时热情高涨而且对我很温柔，可是大概两个月之后，用"好像我俩不合适"的借口和我分手。我受到莫大的打击，但又觉得倒追过去也没有意义，所以就接受了分手。

但是随着时间的流逝，我越来越想念他，后悔当初没能留住他，至少要问清楚为什么和我分手。我鼓起勇气联系他，虽然他也回复了，但是态度非常冷淡敷衍。我也若无其事地问过他的近况，凭直觉他已经有了新女友。

如果他没有新女友，本打算问"要是我有做得不好的地方可以改，告诉我你喜欢什么样的女生"，但是现在根本问不出口。

[建议]

用男性的话说"上钩的鱼，不施饵食"，正如其言。不过"追求次数并不等于爱情指数"。"最近不联系我，是不是不喜欢我？"你可能说了这样的禁止语。

另外，不管他有没有新女友，都禁止说"不好的地方我可以改"。"那都是过去的事情了，你只做好自己就好了"，他只会这样委婉地回复你，你无法引出他的真心话。

即使是冷淡的回复，但从结果来看他还是回复了，所以这并不能说明他不喜欢你。

所以呢，现在还是从自身开始找原因吧。回想他之前指点过你的哪一点，把相应的缺点写到纸上，想想怎么去改善。

只要能改善直击分手源头的缺点，完全没必要去关心他是否有了新女友。反过来，正因为有了新女友，有了对比，他才会再次注意到你。"咦，她原来这么迷人吗？"你得让他产生落差，趁机挽回他的心。

案例 3 ）分手却保持身体关系

难度系数 ★

他在贸易公司上班，工作时间不规律，出差也多，几乎没有悠闲约会的时间。即使约会，他也总是显得疲惫，看上去并不享受约会。

我不喜欢他总是那个样子，吵架的时候脱口而出"如果不想和我好好相处，那就分了吧"，接着他说"既然你不能理解我的工作，那就算了"，就这样分手了。

之后我也参加过联谊会，由朋友介绍相亲过，但没有遇到更合适的人。正在我陷入自暴自弃的时候，久违的他约了我"要不要一起吃个饭"，就这样自然而然地保持了身体关系。

之后只要他愿意，就会约我一起吃饭，接着一起过一晚，形成了固定模式。前几天我问过他："要不要重来？"他只是随口说："是啊，会怎么样呢？"如果他当真，我已打算和他和好，但他到底有没有这个想法，态度比较暧昧，让我很迷惑。

[建议]

单刀直入地说，他对你已经有了"异性魅力的吸引"。

而男性并不仅是和自己的女友发生关系。

且不说这个，你们还没到复合的地步，也许是他断定"她可能还会继续否定我的工作"，或者"我的工作时间不固定，生活方式可能和她不适合"。

现在的你们，是绕开分手的根本原因，而继续保持关系的状态。

如果从身体关系回到恋人关系，首先需要你接纳他的工作。在现阶段，为了避免你和他只停留在身体关系这个层面，需要多创造一些在一起交流的机会，如一起吃饭、出行，两个人有倾心闲聊的时间。在此接触的过程中，你满怀歉意地对他说："那时候的事，我很抱歉！"这就表示你能理解他的工作。

这么一来，他将一点点向你打开心扉，后面肯定能顺利复合成功。

案例4）虽然是自己先提出分手，现在却后悔了

难度系数★★

我们是应届毕业进公司的同期生，我和他一见如故，于是成了朋友，走得比较近，后来他说"做我女朋友吧"，就这样已有5年了。

我和他情投意合，偶尔吵架彼此心里还会想着"总有一天是要结婚的"。不知道是不是因为时间久了过于放松，彼此间似乎少了新鲜感，感情到了倦怠期。正在那时候，我也有了让他介意的男性朋友，就这样分手了。

从那以后，我也谈过几个男朋友，但感觉都不如和他在一起舒服，直到现在我才后悔和他分手。到了彼此的生日，我们依然会相互发送邮件祝贺生日，但除了生日祝福没有其他内容，也没有更多的互动。有一次我邀请他见面，说"好久没见面，一起吃个饭吧"，他却说 "不用了，我比较忙"拒绝了。

有没有办法和他重归于好呢？

[建议]

首先分析下他拒绝的"好久没见面，一起吃个饭吧"这件事。男性是自尊心很强的动物，他认为"甩了自己的对方 = 伤了自己自尊心的对方"，因此对你保持警惕心。只要不除掉那份警惕心，他还会继续逃避你。也就是他在想"我讨厌再次受伤害，最好保持距离，不要走得太近了。"

在这里可以找机会做这样的尝试，例如拜托他"这件事只有你会呢，希望你教教我"，从而提高他的自尊心。如果他帮你解决问题，就要用语言向他表示感激，这也是恢复他自尊心的一部分。

类似增加这样的互动，搭建复合所需的信赖平台。在此基础上，把你过去交往5年中持续不断的魅力，再次向他施展出来。

也就是说，防止产生倦怠期的解锁，在于二人共同分享"新事物"。如每个月一次，将脚步挪到之前从未去过的地方，去试试新开发的景区、新开业的店等。

案例 5）不把我当作他的真命天女

难度系数 ★

因为结婚焦虑，我赶在 30 岁之前参加了相亲大会。幸运的是，遇到了一位优秀的男性，我决定和他相处。

我们和彼此的朋友结伴出游，拉近彼此的距离，还处于没有表白的情况下自然相处的状态。可是经过多次约会，他都没有邀请我去他家，每次约会都是在外面。

我怀疑他是否已婚，问过他的朋友，证实了他是单身。

只是，即便在和我交往，他似乎依然去有女性在场的聚会。即使到了我们的纪念日，他也显得漠不关心，在我看来他并没有把我当作他的真命天女。

也许是他有了别的女朋友，但是我想知道，怎么做他才能把我当作他的唯一呢？

[建议]

看样子他似乎热衷于寻找"适合自己的女性"，这就是"隔壁的草坪总是绿"的状态吧。

的确你已经入了他的眼，恐怕是他的眼界比较高，认为你"差那么一点点"吧。对于这样的他，要想得到万千宠溺于一身，需要让他尝到对他有利的甜头才行。

多数男性在自己的工作和经历方面需要被赞美、被尊重，他们通过这些获得胜过周边男人的优越感并充满自信。然后，对欣赏自己所作所为的女性容易发生恋爱关系。

仔细观察他想要的，抢先解决，他将你视作真命天女的可能性就会增加。要想成为一个严密的盖子，盖紧他那只瓶子，需要认真观察他的喜好，考虑为他做什么样的事令他开心。

另外，即使知道他可能到其他女性那里约会的事实，也要大方地向他透露你对他的信任。我想能理解他这种举动的女性一定不多，所以当你成为他的良师益友，就能做到比其他女性抢先一两步的机会啦。

案例 6 ）不被允许的"第三者"

难度系数★★★★★

我和他是因为工作认识的，由于志同道合一起吃过几次饭，在此过程中我情不自禁地喜欢上了他。

他告诉我，从没遇到过像我这般心有灵犀的女性，于是关系加深了一层。

事实上，他已有家室，一开始我就知道。

他觉得对我有深深的罪恶感，说过"如果你有了其他喜欢的人，我随时都可离开"，但我并没想过离开他。

大约交往了半年之后，他突然告诉我"我们还是结束这种关系吧"，然后他单方面宣告了分手。从此以后，我发信息给他，他也不回复。我能看到信息显示已读，他应该是浏览过的。这件事我也没办法和别人商量，很苦恼今后该怎么办。我并不想破坏他的家庭，但是还想回到之前的关系。

[建议]

我想，作为和已婚男性交往的你，内心一定承受着罪恶感和违背道德的无限自责。

但是你要了解，在不破坏他的家庭的前提下，与他和平相处，几乎是不可能的。因为当你想"成为他的真爱"，肯定是直到破坏他的家庭为止才能成为真爱。所以需要你考虑是希望成为他的真爱，还是及早撤退，无论如何做都需要你坚强的意志。

如果你希望谈一场幸福的恋爱，最好记住这一点，你喜欢的人已经结婚了，这不是你的错。

但是，能为你的未来和幸福考虑的，事实上也只有你自己。为什么不及时放手呢，此后才能发现周边更多优秀的人啊！

好好想一想，再做决定吧！

复合难度系数和复合的时间基准

复合难度系数和直到复合所需时间，大体的标准见下面表格。
根据他的不同情况，并不强求全部按表格执行，但是了解这
项表格，你能放下心来专注于复合活动。供大家参考。

状况	对策	截止复合所需时间基准
Lv.6 完全被拒 （因他下线、拉黑，根本联系不上）	·通过共同的朋友或社交平台间接接近 ·假装偶遇去见面 ·打磨自己，提升魅力	4个月 至 半年
Lv.5 忽视状态 （我可以联系上他）	·分析目前为止的邮件（根据情况可移步 Lv.6 的对策） ·联系他，表示感激或歉意 ·发送紧急、重要邮件 ·打磨自己，提升魅力	4～5个月
Lv.4 打电话或见面是 NG （可以发邮件或信息）	·重审并改善联系内容 ·探究不接电话、不见面的理由 ·暗示他不再留恋	3～4个月
Lv.3 见面 NG （邮件、信息、电话都可以）	·重审并改善联系内容 ·探究拒绝见面的理由 ·找借口见面	2～3个月
Lv.2 普通的朋友关系	·进退战略 ·打磨自己，提升魅力	1～2个月
Lv.1 还没交往，关系不错	·下功夫研究见面后的言谈举止 ·表示好感，让他放心 ·根据情况，可由你表白	2周 至 1个月

左侧：难易度 高↑ 低↓

Epilogue

为了你的幸福，
选择这样的男人

和真正喜欢的人结合，
是最幸福的事

当复合活动进展顺利，你会突然领悟一件事。

"奇怪，最近感觉什么事都很顺利呢！"

"找我商量事情的人变多了呢！"

"感觉我变得招人喜欢了。"

开展复合活动，将变得善于处理人际关系，使人充满自信。

一旦有了这样的变化，不论男女老少都喜欢你。

理所当然地，在异性当中也很受欢迎。

这么一来，你"很想交往的他"，也有可能不是之前的那一位。

也有人原本打算通过复合活动和前男友重新开始，结果发现自己对他已经失去了兴趣，于是另外找了喜欢的人。

那样很好。

你通过复合活动自我成长，散发着魅力，他理应"追上来"。

所以，这次轮到你来"挑选"男人了。

复合只是其中一个选择，并不是全部目的。

真正的目的，是让你拥有幸福的恋爱。

只要你觉得幸福，即使周边的人说"不如放弃吧"，你依然可以追求他；别人说"算了吧"的对象，你也可以重新和他陷入情网。

自己的幸福自己决定，不是靠周边人的评价。

如果你是耐心执着地进行了复合活动，一定能充分体会到"自己做决定"的重要性。

要知道，人总会和自己水平相当的人相互吸引。

也就是说，在自己的不同成长阶段，将遇见不同的命中人。

"我的幸福，究竟是什么？"

"我到底喜欢什么样的人？"

通过复合活动，请大家一定要认真地想一想，什么是自己想要的幸福。

这样的男人，最好远离

和什么样的对象在一起造就幸福，是你所决定的事，如果让我推荐，那就是"今后还在成长的男性"。

因为人一旦停止成长，就会变得疲乏、墨守成规，人际关系也会停滞不前。

人际关系的目的，也有"彼此一起成长"的含义。

那么，今后也在成长的男性特征，你认为是哪些呢？

· **有耐心**

· **理性**

· **坦诚而柔软**

· **能赢得他人的信任**

如果将这些特征反过来，就是这样：

· **感情用事**

· **没有规划**

· **顽固不听劝**

· **没有责任感**

有这些特征的人，多数喜欢依赖别人，或者具有很强的支配欲，因为他们无法控制感情。

另外，因为不够理智，会花钱无度或虚荣，甚者会有暴力倾向。

应该有人提醒过你，这样的男人最好远离。

不过，如果你觉得心中的他就是一个优点能胜过所有缺点，令你忽略不计，那就不是其他人能左右的事情了。

反过来，如果从现在开始到往后几十年在一起生活的过程中，你认为"这一点无论如何都不能接受"，那最好还是算了吧。

总有一天你会承受不住的。

在恋爱关系、夫妻关系中最重要的是"对方身上有没有令你尊敬的部分"。

对方身上具有自己没有的优点，这令你心生向往而对他无比尊重，感情得以继续。

可成功复合的 7 项观念

想和自己崇拜的、心爱的他，再次幸福生活下去。

对于渴望复合的你，提出 7 项问题。

如果所有答案都是"YES"，那么你的复合可能性非常高！

即使符合项不多，也不要灰心，务必参考本书，让自己形成易成功复合的观念吧。

☐ 进行复合活动是别人给的建议，还是完全出于自己的意愿专注执行？

☐ 能够改变的只有自己和未来，这句话能理解吗？

☐ "不是重来"，而是全新的"从头开始"，你是带着这个想法开始的吗？

☐ 你可以尊重他认为的非常重要的事物吗？

☐ 现在的你，是否增加了人生的其他选项，能够放开对他和恋爱的依附吗？

☐ 现在的你能够控制好情绪吗？

☐ 现在的你，是否能做到不过度指望对方，对他怀有感激的心情？

到此，大家感觉怎么样？

我真心祈愿你和心上人复合，一直幸福下去！

CLOSER...

写在最后
致所有为情所困的你

感谢你读到最后。

我认为，自由恋爱以及日本人薄弱的自我肯定意识，使恋爱难度一跃而上。

日本人和其他国家的人相比，自我肯定意识低到尘埃里。伴随而来的，是掌握不好人与人之间的距离。我见过许多这样的人。

在本书中大家也能了解，现实中求复合或者为爱所伤的多数人，自我肯定感非常低。

另外，随着智能手机的普及，你随时随地手指一划，就能够瞬间获得信息。关于恋爱的各种信息同样轻松到手。

既然信息如此泛滥，我为什么还决定出书？实际上，往往轻松到手的信息，掺杂着许多谎言和演戏的成分。

纷扰的信息中，哪个是真哪个是假，很难辨别清楚。

为情所困的各位，当你强烈地期盼恋爱、复合，期望从头来过，我想这本书一定能成为你的帮手。这本书投入了我至今为止积累的全部知识和经验。

然而，仍有不少人觉得，为恋爱伤透脑筋是件羞耻的事情。我想告诉大家，这件事并不羞耻。

我就是因为学到了许多知识，也掌握了恋爱的窍门和技巧，然后和同样为情所困的人交流、结缘，并从中获得了迈出第一步的勇气。这么一想，苦恼本身并不像预想中的那么坏。

有人觉得苦恼有什么好，只会让人心痛。希望大家抛弃这种想法，勇敢面对苦恼，真心希望自我成长的人日益增多。

祝福你和真爱牵手。

祝福你和命中注定的他走到幸福终点。

恋爱、复合顾问　宫城加奈

AKIRAMEKIRENAI KOI WO MOUICHIDO TENIIRERU HOUHOU by Kana
Miyagi Copyright © Kana Miyagi 2019
All rights reserved.
First published in Japan by KANKI PUBLISHING INC., Tokyo.

This Simplified Chinese edition is published by arrangement with
KANKI PUBLISHING INC.,
Tokyo in care of Tuttle-Mori Agency, Inc., Tokyo through Pace
Agency Ltd., Jiang Su Province.
著作权合同登记号：图字 01-2023-5451

图书在版编目（CIP）数据

恋爱心理课：挽回失去的爱情 /（日）宫城加奈著；李
花子译 . -- 北京：中国民族文化出版社有限公司 , 2024.1
　ISBN 978-7-5122-1841-3

Ⅰ . ①恋… Ⅱ . ①宫… ②李… Ⅲ . ①恋爱心理学 - 通
俗读物 Ⅳ . ① C913.1-49
中国国家版本馆 CIP 数据核字 (2023) 第 217705 号

恋爱心理课 挽回失去的爱情
LIANAI XINLI KE　　WANHUI SHIQU DE AIQING

作　　者	[日] 宫城加奈	责任编辑	张晓萍
译　　者	李花子	装帧设计	姚　宇
责任校对	张　宇		

出 版 者　中国民族文化出版社　地址：北京市东城区和平里北街 14 号
　　　　　　邮编：100013　联系电话：010-84250639 64211754（传真）
印　　刷　河北鸿运腾达印刷有限公司
开　　本　787mm×1092mm　1/32
印　　张　6
字　　数　100 千
版　　次　2024 年 1 月第 1 版第 1 次印刷
标准书号　ISBN 978-7-5122-1841-3
定　　价　49.80 元